新 会計制度解説！

純資産会計の
考え方と処理方法

九州大学大学院教授
岩崎 勇 ［著］
Iwasaki Isamu

税務経理協会

はしがき

　我が国も20世紀末のバブル崩壊と平成不況を経て21世紀を迎え，この数年企業業績が好調となってきている。これは，一連の金融ビッグ・バンなどの様々な経済・法律など構造改革と個々の企業などの経営努力の成果であろう。会計面でもいわゆる一連の会計ビッグ・バンがなされた。その中心は，会計観（利益観）としての資産負債中心観の部分導入，個別情報中心主義から連結情報中心主義への転換，原価主義会計から一部の資産負債を時価評価する混合測定主義会計への転換などであり，これらの動きは，会計の国際的調和化ないし統一化という観点から進められている。また，国際会計基準（ＩＡＳ）・国際財務報告基準（IFRS）は連結会計レベルではあるが，既にＥＵなどで採用されており，その他の世界の証券取引所で使用されるのも時間の問題となっている。

　他方，商法も近年立て続けに大きな改正を行ってきたが，2005年に成立した会社法はその最終仕上げとなっている。

　このような状況の下で，本書は，会社法会計の中心課題である「純資産の部の会計」について，次のような特色をもって書かれている。

① **網羅性**：会社法の純資産会計で重要と考えられる部分を網羅的に解説していること
② **考え方の明示**：各項目の背景となる考え方をできる限り明示していること
③ **実践性**：具体例を挙げて，会計処理ができるようにしてあること
④ **理解可能性**：図表などを用いて初心者でも容易に理解できるようにしていること
⑤ **体系性**：個別的な解説に入る前に，それに関連する全体的な体系との関連が理解できるように，図表や文章などが工夫されていること

　本書を刊行することができたのは，明治大学大学院のときから常に変わらぬ

温かい気持ちで見守り，ご指導を頂いた恩師元明治大学教授蔦村剛雄博士をはじめとする諸先生方のご高配の賜であると深く感謝をしている。そして，しっかり家庭を守ってくれる妻晴子の励ましと，最近野口英世などの伝記を愛読し，いつも陽気で楽しそうな長男靖のおかげでもある。さらに，本書の出版の企画は，社長の大坪嘉春氏から学会の折に直接頂いたものであり，その後の編集，校正，上梓は，書籍企画部の新堀博子氏，書籍製作部の小髙真美氏に大変お世話を頂戴した。心からお礼を申し上げたい。

　　　……初夏の風に気持ちよさそうに揺れる美しい窓辺の淡いピンクの
　　　　月見草（evening primrose）の花を愛でつつ……

2007年6月

　　　　　　　　　　　　　　　　　　　　　　　横浜　三ッ沢公園にて
　　　　　　　　　　　　　　　　　　　　　　　　　　　　著　者

目　次

はしがき

第1編　会社法会計の変更内容

第1章　会社法会計の変更内容 …………………………………… 3
 1　会社法会計の主要な変更点 …………………………………… 3

第2編　純資産会計

第2章　貸借対照表と純資産 ……………………………………31
 1　貸借対照表と純資産 ……………………………………………31
 2　純資産の意義 ……………………………………………………32
 3　純資産の部の構成要素 …………………………………………37

第3章　純資産関係の変更 ………………………………………47
 1　純資産の部の変更の方向性 ……………………………………47
 2　株主資本の部の主要な変更の概説 ……………………………47
 3　最低資本金制度の廃止 …………………………………………48
 4　設立時の資本金等 ………………………………………………53

第4章　資本の部の計数の変動 …………………………………61
 1　資本の部の計数の変動の概要 …………………………………61
 2　資本金の増減のケース …………………………………………64
 3　資本準備金の増減のケース ……………………………………90
 4　その他資本剰余金の増減のケース ……………………………94

5　利益準備金の増減のケース……………………………………96
　　6　その他利益剰余金の増減のケース……………………………98
第5章　その他の純資産項目……………………………………………103
　　1　自己株式…………………………………………………………103
　　2　評価・換算差額等………………………………………………115
　　3　新株予約権………………………………………………………119
　　4　自己新株予約権…………………………………………………128
　　5　ストック・オプションの会計処理……………………………130
　　6　新株予約権付社債………………………………………………134

第3編　剰余金の配当等

第6章　剰余金の配当等…………………………………………………141
　　1　剰余金の配当等…………………………………………………141
　　2　剰余金の分配可能額の算定の概要……………………………155
　　3　剰余金の額………………………………………………………157
　　4　分配可能額………………………………………………………164
　　5　配当に伴う準備金の計上………………………………………177
第7章　剰余金の処分……………………………………………………183

第4編　株主資本等変動計算書

第8章　株主資本等変動計算書…………………………………………189
　　1　株主資本等変動計算書の意義…………………………………189
　　2　作成目的・処理及び表示………………………………………191

第5編　組織再編

第9章　組織再編としての企業結合と事業分離 …… 203
1　組織再編としての企業結合と事業分離 …… 203

第10章　合　　併 …… 215
1　合併の意義と処理方法 …… 215
2　吸収合併 …… 218
3　新設合併 …… 224

第11章　会社分割 …… 233
1　会社分割の意義 …… 233
2　吸収分割 …… 238
3　新設分割 …… 242

第12章　株式交換・株式移転 …… 249
1　株式交換・株式移転 …… 249
2　株式交換 …… 254
3　株式移転 …… 258

参考文献 …… 265
索　　引 …… 271

第1編

会社法会計の変更内容

会社法会計の変更内容

1 会社法会計の主要な変更点

従来の商法から新しい会社法への移行によって生じた主な会計関連の変更は,次のとおりである。

(1) 法　　規

従来は会計について商法及び商法施行規則などにおいて規定がなされていた。

他方,会社法制の現代化によって,会計について会社法,会社法施行規則及び会社計算規則などによって規定がなされている。

❖　会計関連諸法令

摘　　要	旧　制　度	新　制　度
会計関連諸法令	・商法 ・商法施行規則など	・会社法 ・会社法施行規則 ・会社計算規則など

なお,商法は,会社法成立と同時に改正され,個人商人などについての規定が現在新商法として存続している。

■ 第1編 会社法会計の変更内容

(2) 会計目的と会計慣行の位置づけ
① 会計目的

　従来の商法会計では，その目的は，債権者・株主の保護のために配当可能利益を計算すること（利害裁定目的），及びこれらの利害関係者に経済的意思決定のための情報を提供すること（情報提供目的）であった。

　そして，これらの商法独自の会計に関する規定が適切な企業会計上の処理を行う上で障害となっているということがしばしば指摘された。

　他方，会社法では，従来と同様に，利害裁定目的及び情報提供目的という会計目的があるということ自体については変更がないが，後者の情報提供目的（会計処理や表示）については，後述するように，会社法自体の独自性を積極的に主張するという立場は取らずに，基本的に，会社法が全面的に金融商品取引法などの公正な企業会計の慣行に合わせるという立場に転換している。なお，前者の利害裁定目的（分配可能額の算定）については，従来と同様に，会社法独自の規定をおき，独自性を積極的に出している。

② 会計慣行の位置づけ

　従来の商法では，商法上「商業帳簿ノ作成ニ関スル規定ノ解釈ニ付テハ公正ナル会計慣行ヲ斟酌スベシ」（法32②）という**斟酌規定**であった。すなわち，従来は商法の強行法規性ゆえに，商法の会計規定が（個別）会計処理上，最優先され，公正な会計慣行は，商業帳簿の作成に関する商法規定がない場合に，その解釈上斟酌されるという**副次的**な位置づけの**補充規定**であった。

　他方，会社法では，「株式会社の会計は，一般に公正妥当と認められる企業会計の慣行に従うものとする。」（法431）という**遵守規定**へと変化した。すなわち，この規定は，会社法は会計の処理・表示において，原則としてその独自性を主張しないこととし，会社法等に規定がある場合もない場合も，会社の会計については，公正な会計慣行に従わなければならないという**包括的**な位置づけの**留意規定**である。

　ここでは，基本的に会社法は，公正な会計慣行を阻外しないように幅広い規定を用意し，その実質的な内容は，公正な会計慣行が決定するという枠組みへ

と変化している。このようなものの具体例としては，例えば，設立費用の処理方法，資産負債の評価方法，新株発行費の処理方法，引当金，繰延資産，組織再編の処理方法，役員賞与，準備金の積立規定，包括利益，財務諸表の遡及修正などがある。

COFFEE BREAK

● 計算規定の構成

会社法上の主な計算規定の構成内容は，次のとおりである。

❖ 計算規定の構成内容

計算規定の構成内容	① 会計帳簿関係の規定	基本的に公正妥当な会計慣行に依存
	② 計算書類関係の規定	
	③ 株主資本関係の規定	会社法上，利害裁定目的で独自の意味のある規定
	④ 分配可能額関係の規定	

このうち会社法会計上特に独自の意味がある規定は，利害裁定目的に関連する分配可能額関係の規定と，それを計算する前提となる株主資本関係の規定である。

COFFEE BREAK

● 先取規定

　新しい会社法では，次のように，将来において会計基準が改訂・導入されることを予定して，その新しい会計基準を会社法が適用可能となるような規定をしているもの，いわゆる**先取規定**(さきどり)がある。

　ただし，会社法第431条や会社計算規則第3条で，会社法上，公正な会計慣行に従うことが要求されているので，たとえ会社法の形式上，このような先取規定が存在していたとしても，実質上，公正な会計慣行としての新しい会計基準が導入されるまでは，その適用はなされないこととなっている。

〔先取規定の具体例〕

> ① 設立費用の資本控除
> ② 新株発行費用の資本控除
> ③ 包括利益の表示
> ④ 過年度の計算書類の遡及修正，など

❖ 会社法と会計慣行の関係

法律	規定	内容	会計慣行		適用される方法		適用会社	
会社法	する	強制*1	公正妥当な会計慣行*3	有（会計慣行）	会計基準	原則法	上場会社	全ての会社
						原則法		
	できる	許容範囲*2				例外法		
					他*4	特則法等	—	
				無	他*5	認められない	—	—

*1　会社法上，その会計処理方法が強制される。

*2　会社法上，任意規定ではなく，許容範囲を示すものであり，その中で，どのように処理するか（どの会計処理方法によるか）は，公正な会計慣行によることが強制される。なお，公正な会計慣行の中で，条件が合えば，その中で選択が可能である。

*3　一般に，公正妥当と認められる会計慣行には，会計基準や中小企業会計指針などがある。

*4　中小企業会計指針やその他の会計慣行で認められている特別な方法である。なお，これは，会社法と金融商品取引法の適用範囲が異なるために生じる違いである。

*5　たとえ会社法上できる規定があって（許容されている方法であって）も，企業会計上の公正な会計慣行がなければその方法を適用することはできない。

❖ 会計慣行の位置づけ

摘　　　要	旧　制　度	新　制　度
① 法　　　律	商法（法32②）	会社法（法431）
② 規　　　定	斟酌規定	遵守規定
③ 性　　　質	補充規定	留意規定

(3) 計算書類の体系

　従来の商法では，計算書類として貸借対照表，損益計算書，営業報告書，（いわゆる）利益処分案（以下，同様）が求められていた。

　他方，会社法では，個別の計算書類として貸借対照表，損益計算書，株主資本等変動計算書，個別注記表が求められている。

❖ **計算書類の変化**

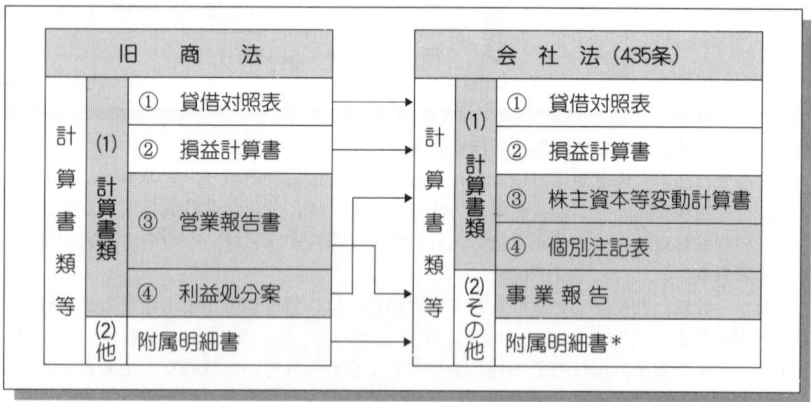

＊　計算書類に関するものと事業報告に関するものの2種類のものがある。
（出所）　岩崎　勇『中小企業会計指針の読み方と処理方法』税務経理協会，10頁。

❖ **個別計算書類等**

計算書類等	計算書類	① 貸借対照表 ② 損益計算書 ③ 株主資本等変動計算書 ④ 個別注記表	附属明細書＊1	① 有形・無形固定資産の明細 ② 引当金の明細 ③ 販売費及び一般管理費の明細 ④ 関連当事者との取引に関する事項＊2
	その他	・事業報告	附属明細書＊3	① 役員の兼務状況の明細 ② 利益相反取引の明細

＊1　会社計算規則第145条。計算書類に関するもの
＊2　第140条第1項ただし書きの規定により省略した事項
＊3　会社法施行規則第128条。事業報告に関するもの

(4) 利益処分案の廃止と株主資本等変動計算書の導入

従来の商法では，包括的な利益処分案の作成と承認が求められていた。

他方，会社法では，これが廃止され，これに代わって純資産の部全体の変動を表わす株主資本等変動計算書が求められている（435条）。これは，会社法制の現代化などによって，期中に純資産の増減が頻繁に生じる可能性があり，それゆえ，期首・期末の純資産の部の内容との関連性を明確にするためなどの理由から変更されたものである。また，これに伴って，損益計算書の末尾は，本来の損益計算である当期純利益の計算までで終了することとなっている。

❖ 株主資本等変動計算書の導入

摘　　　　要	旧　商　法	会　社　法
① 剰余金等の計算書	利益処分案	株主資本等変動計算書
② 損益計算書の末尾	当期未処分利益	当期純利益

なお，利益配当などについては，新しい制度では，包括的な利益処分全体の内容を示した利益処分案の代わりに，原則として**利益配当議案**や任意積立金の積立議案などの個別の議案が提出され，承認されることとなっている。

ただし，株主総会の（広義の）剰余金の処分に関する議案では，剰余金の配当・（狭義の）剰余金の処分（☞第7章：剰余金の処分を参照）・剰余金の資本金組入れ・剰余金の準備金組入れを1つの議案として提出することもできるようになっている。

COFFEE BREAK

● 利益処分方式の税務上の積立金などの取扱い

　従来の商法では，例えば，圧縮積立金などの税務上の積立金の積立て・取崩しについて利益処分案に計上するという利益処分方式が採用できた。

　他方，会社法では，利益処分案の廃止に伴ってこの方式が直接には採用できなくなった。そこで，この代替方法を採用しなければならなくなっている。これに関して，税務上は，決算の確定日（つまり定時株主総会の日）までに（その他の）剰余金の処分として任意積立金の積立て・取崩しを行ったものについては，従来どおり当期に加算・減算することによって税務計算に含めることが認められている。

　他方，企業会計上は，この処理によらず，原則として，圧縮積立金などの税務上の積立金の積立て・取崩しを当期末の貸借対照表に計上し，かつ当期の株主資本等変動計算書にそれらを表示し，株主総会などの承認を得て，当期の（別表四で加算・減算することによって）税務計算に含めることとされている。

(5) 営業報告書の廃止と事業報告の導入

　従来の商法では，計算書類の1つとして営業報告書の作成が求められていた。

　他方，会社法では，これが廃止され，これに代わって事業報告が求められている。ただし，これは必ずしも会計計算に関するものとはいえないなどの理由で，計算書類からはずされている。

※ 事業報告の導入

摘　　要	旧　商　法	会　社　法
① 事業の報告	営業報告書	事業報告
② 位置づけ	計算書類	計算書類ではない

(6) 個別注記表の導入

　従来の商法では，会計に関する注記は，独立した計算書類とはされず，単に各計算書類についてなされていた。

　他方，会社法では，位置づけとしては，独立した計算書類の1つとしての個別注記表の作成を求めている。ただし，その作成形式としては1つの表として作成するのではなく，従来通り各計算書類において注記すればよいこととなっている。

※ 個別注記表の導入

摘　　要	旧　商　法	会　社　法
① 位置づけ	計算書類ではない	計算書類
② 作成方法	各計算書類の内部で注記	各計算書類の内部で注記

(7) 資本の部の廃止と純資産の部の導入

　従来の商法では，貸借対照表は資産，負債及び資本の各部に分けられていた。

　他方，会社法では，資産性のあるものを資産とし，負債性のあるものを負債とし，それらに該当しないものを，両者の差額（概念）としての純資産とすることとした。この結果として，貸借対照表は資産，負債及び純資産の各部に分けられることとなっている。

※ 貸借対照表の区分

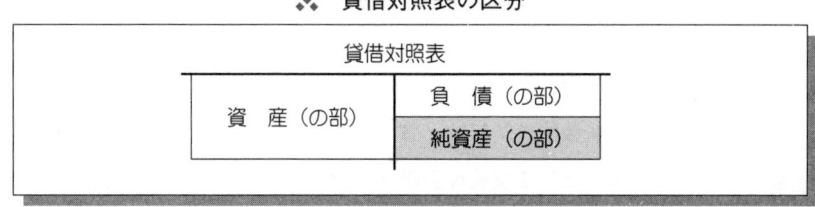

■ 第1編　会社法会計の変更内容

(8) 最低資本金制度の廃止

従来の商法では，株式会社については最低資本金は1,000万円以上でなければならないという制度（最低資本金制度）が存在していた。

他方，会社法では，この制度は廃止されている。

❖ 最低資本金制度（株式会社）

摘　　要	旧　商　法	会　社　法
最低資本金制度	有（1,000万円以上）	無（廃止）

これに伴って，会社設立時，会社存続時及び配当時において資本金の金額はいくら（例えば，零）でもよいこととなった。

(9) 設立時の出資額の下限額の廃止

従来の商法では，最低資本金制度が存在し，株式会社の設立時に原則として資本金1,000万円以上が必要とされた。ただし，特例が存在した。

他方，会社法では，最低資本金制度が廃止されたことに伴って，設立時の出資額の下限額の規制がなくなり，その結果として会社法上は，資本金零＊（ただし，マイナスの資本金は不可能であり，かつ各株主の出資額は1円以上であることが必要である）での株式会社の設立が可能となった（445条）。

＊　資本金が零となるのは，組織再編に伴う新会社の設立や，出資額から設立費用を資本控除するなどのためである。

❖ 会社設立時の資本金

摘　　要	旧　商　法	会　社　法
① 最低資本金制度	有（1,000万円：株式会社）	無
② 設　立　時	資本金1,000万円以上が必要（原則）	資本金零での設立が可能

(10) 資本金の計上基準

従来の商法では，新株等の発行時に資本金に組み入れるべき額（**資本金の計上額**）について，原則として取締役会決議で決定される株式の発行価額の全額

としていた（**発行価額主義**）。

他方，会社法では，これについて，原則として株式発行の対価として株主からの実際の払込額（ないし給付額）の全額とする（**払込価額主義**）としている（法445）。

❖　資本金の計上基準

摘　　要	旧　商　法	会　社　法
資本金の計上基準	発行価額主義	払込価額主義

(11) 資本金減少額の上限規制の廃止

従来の商法では，最低資本金制度に基づき株式会社はその存続中において資本金を1,000万円未満に減少することは不可能であった。

他方，会社法では，これが廃止され，それに伴って会社成立後において，資本金の減少額についての上限規制がなくなり，その結果として資本金全額の取崩しが可能となった。すなわち，会社の存続のために，資本金は零円でもよいこととなっている（法447）。

❖　資本金減少額の上限規制

摘　　要	旧　商　法	会　社　法
資本金減少額の上限規制	有（最低資本金制度：1,000万円未満にできない）	無（資本金の全額取崩可能）

(12) 準備金概念の変更

従来の商法では，個別概念としての資本準備金と利益準備金とが規定され，両者を合わせたものを法定準備金と考えていた。

他方，会社法では，準備金が必ずしも会社法で計上が強制されるものばかりでなく，任意に積み立てられることもあるなどの理由で，法定という形容詞を削除し，資本準備金と利益準備金を合わせた統合概念として，準備金という概念で整理をしなおしている（法445）。ただし，会社法施行規則や会社計算規則の中では，資本準備金や利益準備金という個別概念も使用し続けている。

第1編　会社法会計の変更内容

❖　法律上の準備金概念

摘　要		旧　商　法	会　社　法
準備金概念	主	資本準備金・利益準備金（個別概念）	準備金（統合概念）
	従	法定準備金（統合概念）	資本準備金・利益準備金（個別概念）

⒀　準備金減少額の上限規制の廃止

　従来の商法では，法定準備金は，資本金の4分の1を超える部分のみ取崩可能であるという上限規制が存在していた。

　他方，会社法では，これを廃止したので（法448），準備金の全額を取り崩すことが可能となった。このような取扱いがなされる理由は，法律上，債権者保護の観点からは，資本金の維持を最優先すべきであると考えられるが，準備金を取り崩すために，本来維持すべき資本金をまず取り崩さなければならないことは，本末転倒であると考えられるなどのためである。

❖　準備金の取崩し

摘　要	旧　商　法	会　社　法
準備金の取崩し	資本金の4分の1を超える部分の法定準備金は取崩可能	準備金の全額の取崩しが可能

⒁　繰延資産

　従来の商法では，繰延資産について，個別項目ごとに意義や処理方法が定められていた。

　他方，会社法では，その計上は可能であるが，個別項目の列挙がなされていない。それゆえ，どのような項目が計上され，どのような処理を行うのかについては，公正な会計慣行に従うこととなった。また，一部の項目については，いわゆる先取規定によって，会社法上は，繰延資産計上，費用処理又は資本控除処理の選択適用が認められるようになった。ただし，実務上どの処理が適用

可能なのかについては，公正な会計慣行に従うこととなっている。さらに，配当制限が個別項目ではなく，全体についてなされている。

❖ 繰延資産の取扱い

摘　　要	旧　商　法	会　社　法
① 計　　上	計上可能	計上可能
② 列　　挙	個別項目の列挙：有	個別項目の列挙：無
③ 処理方法	繰延資産計上法又は費用処理法（選択）	繰延資産計上法，費用処理法又は資本控除法（選択）
④ 処理規定	有（計上及び償却について）	無（すべて公正な会計慣行に依存）
⑤ 配当規制	個別項目	全体

(15) 設立費用の処理

　従来の商法では，設立費用について費用処理又は繰延資産計上処理を行ってきた。

　他方，会社法の規定上は，いわゆる先取規定によって，さらに資本控除処理も認められるようになった。ただし，実際に資本控除処理が認められるか否かは，公正な会計慣行があるかどうかに依存するが，現行ではこれは認められていない。

❖ 設立費用の処理

摘　　要	旧　商　法	会　社　法
① 処理方法	①費用処理法，②繰延資産計上法	①費用処理法，②繰延資産計上法，③資本控除法
② 注意点	―	資本控除法等が採用可能か否かは公正な会計慣行による

(16) 新株発行費・自己株式処分費の処理

　従来の商法では，新株発行費について費用処理又は繰延資産計上処理を行ってきた。

■ 第1編　会社法会計の変更内容

　他方，会社法では，新株発行費と自己株式処分費について，**株式交付費**という名称に変更した上で，いわゆる先取規定によって従来の方法に加えて，資本控除処理も認めている。ただし，実際に資本控除処理が認められるか否かは，公正な会計慣行があるかどうかに依存するが，現行ではこれは認められていない。

❖　新株発行費等の処理

摘　要	旧　商　法	会　社　法
① 対　　象	新株発行費	新株発行費，自己株式処分費
② 処理方法	①費用処理法，②繰延資産計上法	①費用処理法，②繰延資産計上法，③資本控除法
③ 注意点	－	資本控除法等が採用可能か否かは公正な会計慣行による
④ 名　　称	新株発行費	株式交付費

(17) 引　当　金

　従来の商法では，いわゆる商法上の引当金という概念や引当金の部が存在した。

　他方，会社法では，これらが廃止され，引当金は基本的に企業会計上の引当金と同様となった。そして，どのような引当金を計上し，どのような処理をするかは，公正な会計慣行に依存することとなっている。

❖　引　当　金

摘　要	旧　商　法	会　社　法
① 概　　念	いわゆる商法上の引当金(概念)	(基本的に) 企業会計上の引当金 (概念) と同様
② 注意点	－	計上項目及び処理は公正な会計慣行による

(18) 資本の部の計数の変動

　従来の商法では，資本の部の計数の変動(第4章を参照)を，一定の手続き

の下に認めていた。

　他方，会社法では，いつでも株主総会の決議で，これができるものとし，かつ資本金の準備金組入れ，剰余金の準備金組入れを新たに追加するとともに，反対に利益準備金やその他利益剰余金の資本金への組入れを禁止した。さらに，資本と利益の区別の原則の適用を徹底している。

※　資本の部の計数の変動

摘　要	旧　商　法	会　社　法
① 手　続　き	一定の手続き	いつでも株主総会の決議で可能
② 追 加 項 目	－	①資本金の準備金組入れ，②剰余金の準備金組入れを追加
③ 削 除 項 目	－	利益準備金とその他利益剰余金の資本金組入れを削除
④ 注 意 点	－	資本と利益の区別の原則の重視

(19)　損益計算書の区分

　従来の商法では，損益計算書を経常損益の部（さらに営業損益の部と営業外損益の部）と特別損益の部に区分していた。

　他方，会社法では，これらの部（区分）を廃止し，基本的に企業会計と同様の表示内容となり，これに伴って，売上総利益を表示するようになっている。

※　損益計算書の区分

摘　要	旧　商　法	会　社　法
損益計算書の区分	経常損益の部と特別損益の部	部（区分）の廃止

(20)　子会社等の表示単位

　従来の商法では，その会社と関連する会社などについての財務諸表の表示単位は，支配株主・子会社単位であった。

　他方，会社法では，これらについて関係会社単位へと変更され，企業会計と同様となっている。

❖ 子会社等の表示単位

摘　　要	旧　商　法	会　社　法
子会社等の表示単位	支配株主・子会社単位	関係会社単位

　ここに**関係会社**（affiliated company）とは，子会社，関連会社，親会社及びその他の関係会社（財務諸表作成会社が他の会社の関連会社であるときに，当該他の会社）のことである。

(21) 子会社等の判定基準
　従来の商法では，子会社等の判定基準を形式基準としての持株基準（議決権基準）によっていた。
　他方，会社法では，実質基準としての支配力基準や影響力基準へ変更している。これにより子会社等の判定基準は企業会計と同様なものとなっている。

❖ 子会社等の判定基準

摘　　要	旧　商　法	会　社　法
子会社等の判定基準	形式基準	実質基準
	持株基準（議決権基準）	支配力基準・影響力基準

(22) 連結計算書類
　従来の商法では，連結計算書類として連結貸借対照表と連結損益計算書の作成を求めていた。
　他方，会社法では，従来のものに加えて，連結株主資本等変動計算書と連結注記表の作成も求めている。

❖ 連結計算書類

摘　　要	旧　商　法	会　社　法
連結計算書類	連結貸借対照表，連結損益計算書	連結貸借対照表，連結損益計算書，連結株主資本等変動計算書，連結注記表

⑵ 役員賞与

従来の商法では，役員賞与について，利益処分項目として利益処分案で表示されていた。

他方，会社法では，企業会計と同様に，これを費用項目として取り扱うこととしている。

※ 役員賞与の取扱い

摘　　要	旧　商　法	会　社　法
① 取 扱 い	利益処分項目	費用項目
② 表　　示	利益処分案で表示	損益計算書で表示

● 役員賞与

公正な会計慣行に従った場合の会社法での役員賞与の取扱いは，次のとおりである。

① 報酬等の意義

役員に対する**報酬等**とは，（その名目や支給形態にかかわらず）取締役などの報酬，賞与その他職務執行の対価として会社から受ける財産上の利益のことである（法361①，387①）。

② 決　議　等

上述の報酬等の支給については，定款の定めか株主総会の決議が必要である。

③ 取　扱　い

役員賞与を含む報酬等は，会社法上も企業会計と同様に，費用処理（販売費及び一般管理費）が適切である。

④ 基　　準

これについては，企業会計基準第4号「役員賞与に関する会計基

■ 第1編　会社法会計の変更内容

準」(役員賞与会計基準)(2005年11月)が公表されている。
⑤　役員賞与の決定方法

役員賞与の決定方法には，次のようなものがある。

㋑　総額枠法

これは，役員賞与を役員報酬と合わせて，総額の枠としての報酬限度額として定めて，その枠内で取締役会の決議に基づいて支給する方法であり，中小企業などでよく採用されているものである。

㋺　個別決議法

これは，役員報酬とは別個に，毎期役員賞与についての個別議案を提出し，株主総会で承認を得て支給する方法であり，大企業などでよく採用されているものである。

⑥　会計処理

役員賞与の会計処理方法には，次のようなものがある。

㋑　引当金計上法

これは，前述の個別決議法などによる場合で，株主総会での承認決議が必要なときには，期末においてその金額などが未確定であるので，次のように，引当金として計上するものである。

〔決算時：役員賞与の計上時〕

(借)**役員賞与引当金繰入**　×××　　(貸)**役員賞与引当金**　×××

〔支給時〕

(借)**役員賞与引当金**　×××　　(貸)(現　金　預　金)　×××

㋺　未払金計上法

これは，前述の総額枠法で取締役会の決議による場合や個別決議法によるときでも，株主総会の決議はまだなされていないが，株主総会での承認が確実に見込まれるような場合などに，それは実質的に確定債務とみなしうるので，次のように，未払金として未払役員賞与を計上するものである。

〔決算時:役員賞与の計上時〕

(借)役　員　賞　与　×××　　(貸)未払役員賞与　×××

〔支給時〕

(借)未払役員賞与　×××　　(貸)(現　金　預　金)　×××

⑦　例　　　題

> ─〔設　例〕役員賞与─
>
> 甲社は，当期の役員賞与￥1,000を計上した。
> ①　引当金計上法により処理するケース。
> ②　未払金計上法により処理するケース。

〔解　答〕

①　(借)役員賞与引当金繰入　1,000　(貸)役員賞与引当金　1,000
②　(借)役　員　賞　与　1,000　(貸)未払役員賞与　1,000

⑭　資産負債の評価規定

　従来の商法では，資産についてその種類別の評価規定がなされていた。また，負債については評価規定がなかった。

　他方，会社法では，資産と負債の双方について評価規定が置かれている。しかも，これは従来と異なり，資産などの種類別の規定ではなく，資産と負債についての一般的な評価規定であり，従来の規定がどちらかというと細則主義（rule basis）的であったのに対して，新しい規定は原則主義（principle basis）的なものとなっている。また，会社法では公正な企業会計を阻害しないように，広範なものが規定されている。そこで，どの項目にどのような評価がなされるのかについては，公正な会計慣行によることとなっている。

■ 第1編　会社法会計の変更内容

❖　資産負債の評価規定

摘　　　要	旧　商　法	会　社　法
① 規定対象	資産	資産，負債
② 規定方法	種類別の評価規定	一般的な評価規定
③ 注意点	－	どの項目に，どの評価方法を適用するかは，公正な会計慣行による

⑵5　包括利益

従来の商法では，包括利益についての規定は存在していなかった。

他方，会社法では，いわゆる先取規定によって損益計算書上，包括利益についての記載ができることとなっている。なお，この包括利益として何を記載するのか，どう記載するのかは，公正な会計慣行による。

❖　包括利益の取扱い

摘　　　要	旧　商　法	会　社　法
① 取扱い	包括利益の規定なし	包括利益を記載できる
② 注意点	－	どのような項目を，どのように記載するのかは，公正な会計慣行による

⑵6　計算書類の遡及修正

従来の商法では，計算書類の遡及(そきゅう)修正について規定が存在していなかった。

他方，会社法では，条文上，いわゆる先取規定によってこれができることとなった。ただし，実際にこの計算書類の遡及修正ができるか否かは，公正な会計慣行によることとなっている。なお，現在のところは，これを正式な計算書類の本体では行えず，注記などの形で示すこととなっている。

第1章 会社法会計の変更内容

❖ 計算書類の遡及修正

摘　　要	旧　商　法	会　社　法
① 遡及修正	規定なし（できない）	規定あり
② 注意点	—	計算書類本体の遡及修正ができるか否かは，公正な会計慣行による

⑵⑺ 臨時決算制度の導入

　従来の商法では，決算制度としては，定時決算制度によって利益を確定し，配当等を行っていた。

　他方，会社法では，従来の定時決算制度に加えて，株主へのより柔軟な利益還元を可能とするためなどの理由で，臨時決算制度を導入している。これに伴って，臨時決算日までの利益などを配当に算入できるようになっている。なお，臨時計算書類としては，臨時貸借対照表と臨時損益計算書がある（計規92）。

❖ 決算制度

摘　　要	旧　商　法	会　社　法
決算制度	定時決算制度	定時決算制度と臨時決算制度

❖ 臨時決算書類

摘　　要	会　社　法
臨時計算書類	① 臨時貸借対照表 ② 臨時損益計算書

⑵⑻ 準備金の積立て

　従来の商法では，準備金の積立金額について商法上規定を置いていた。しかも，配当に伴う利益準備金の積立基準としては，資本準備金と合わせて，資本金の4分の1に達するまで，利益の処分として支出する金額の10分の1以上（中間配当は10分の1）を積み立てるものとされていた。

　他方，会社法では，準備金の積立金額について，一部は省令に委任している。また，配当に伴う準備金の積立てについて，資本金の4分の1に達するまで，

第1編　会社法会計の変更内容

配当等をした額の10分の1を準備金として積み立てることとしている。なお，資本準備金又は利益準備金のいずれを積み立てるべきかは，その配当原資による。

❖　準備金の積立て

摘　　要	旧　商　法	会　社　法
① 積立金額の規定	商法で規定	会社法及び省令で規定
② 配当時積立て	資本金の4分の1に達するまで 利益の処分として支出する金額の10分の1以上	資本金の4分の1に達するまで 配当額の10分の1
③ 積立項目	利益準備金	準備金（利益準備金又は資本準備金）

(29)　現物配当の明文化

従来の商法では，現物配当についての規定がなかった。

他方，会社法では，現物配当についての手続規定が明文化されている。

❖　現物配当の取扱い

摘　　要	旧　商　法	会　社　法
現物配当	規定なし	手続規定あり（現物配当が可能）

(30)　配当等の統一的財源規制

従来の商法では，配当や自己株式の有償取得に関して個別的に財源規制をしていた。

他方，会社法では，剰余金の配当等について統一的な財源規制をしている。

❖　配当等の財源規制

摘　　要	旧　商　法	会　社　法
配当等の財源規制	個別に財源規制	統一的な財源規制

第1章　会社法会計の変更内容

(31) 純資産額配当規制

　従来の商法では，配当可能額の計算上，純資産額による配当規制は設けられていなかった。

　他方，会社法では，分配可能額の計算上，分配前及び分配後において，純資産額が300万円以上でなければならないという純資産額を基準とする配当規制を導入している。

❖　純資産額配当規制

摘　　要	旧　商　法	会　社　法
純資産額による配当規制	なし	あり（純資産額は配当前後で300万円以上であることが必要）

(32) 配当計算時の繰延資産等の取扱い

　従来の商法では，開業費，開発費及び試験研究費という繰延資産について，配当規制がなされていたが，のれん（営業権）についての規制はなかった。

　他方，会社法では，従来の取扱いに代えて，すべての繰延資産とのれん（の2分の1）について配当規制が課されることとなっている。

❖　繰延資産等の配当規制

摘　　要		旧　商　法	会　社　法
①	対　　象	繰延資産（開業費，開発費，試験研究費）	すべての繰延資産とのれん
②	規制金額	全額	・繰延資産：全額 ・のれん：2分の1

(33) 建設利息の廃止

　従来の商法では，建設利息の資産計上が認められていた（法291）。

　他方，会社法では，いつでも配当を行うことができるようになったので，建設利息の資産計上を認める必要性がなくなり，その結果，建設利息の制度は廃止されている。

■ 第1編　会社法会計の変更内容

※　建設利息の取扱い

摘　　要	旧　商　法	会　社　法
建設利息	資産計上の容認	資産計上の禁止

(34) 適正意見へ

　従来の商法では，計算書類についての監査意見について，適法概念が用いられていた。

　他方，会社法では，監査意見について，金融商品取引法と同様に，適正概念に変更されている。

第1章　会社法会計の変更内容

❖　会社法上の主な会計関連の変更点

摘　要	旧　商　法	会　社　法
(1) 会計関連諸法令	・商法 ・商法施行規則など	・会社法 ・会社法施行規則 ・会社計算規則など
(2) 会計慣行の位置づけ	斟酌規定（補充規定）	遵守規定（留意規定）
(3) 個別計算書類	貸借対照表，損益計算書，営業報告書，利益処分案	貸借対照表，損益計算書，株主資本等変動計算書，個別注記表
(4) 利益処分案等	・利益処分案 ・損益計算書末尾は当期未処分利益	・株主資本等変動計算書 ・損益計算書末尾は当期純利益
(5) 営業の報告	・営業報告書 ・計算書類の1つ	・事業報告 ・計算書類ではない
(6) 注記	各計算書類に注記	計算書類の1つとしての個別注記表
(7) 貸借対照表の区分	資産・負債・資本の各部	資産・負債・純資産の各部
(8) 最低資本金制度	有：株式会社1,000万円以上	無（廃止）
(9) 出資額の下限額	（最低）1,000万円以上が必要	資本金零で設立可能（出資額は1円以上）
(10) 資本金の計上基準	発行価額主義	払込価額主義
(11) 資本金減少額	資本金1,000万円まで取崩可能	資本金全額の取崩可能
(12) 準備金概念	資本準備金・利益準備金（個別概念），法定準備金（統合概念）	準備金(統合概念)，資本準備金・利益準備金（個別概念）
(13) 準備金減少額	法定準備金が資本金の4分の1を超える部分のみ取崩可能	準備金全額を取崩可能
(14) 繰延資産	個別項目の列挙	個別項目の列挙なし(計上可能)
(15) 設立費用の処理方法	費用処理法又は繰延資産計上法	費用処理法，繰延資産計上法又は資本控除法
(16) 新株発行費等の処理方法	費用処理法又は繰延資産計上法	費用処理法，繰延資産計上法又は資本控除法
(17) 引当金	いわゆる商法上の引当金	企業会計上の引当金と同様

■ 第1編　会社法会計の変更内容

(18)	資本の部の計数の変動	一定の手続きにより可能	・いつでも株主総会決議で可能 ・資本金や剰余金の準備金組入可能
(19)	損益計算書の区分	経常損益（営業損益と営業外損益）と特別損益の各部	部（区分）の廃止
(20)	表示単位	支配株主・子会社単位	関係会社単位
(21)	子会社等の判定基準	・形式基準 ・持株基準（議決権基準）	・実質基準 ・支配力基準，影響力基準
(22)	連結計算書類	連結貸借対照表，連結損益計算書	連結貸借対照表，連結損益計算書，連結株主資本等変動計算書，連結注記表
(23)	役員賞与	利益処分項目	費用項目
(24)	評価規定	・資産についてのみ ・種類別規定	・資産・負債について ・一般的評価規定
(25)	包括利益	規定なし	規定あり
(26)	遡及修正	規定なし	規定あり
(27)	決算制度	定時決算制度	定時決算制度と臨時決算制度（臨時計算書類：臨時貸借対照表，臨時損益計算書）
(28)	準備金の積立て	資本準備金と合わせて資本金の4分の1に達するまで，利益処分による支出額の10分の1以上を利益準備金とする	資本金の4分の1に達するまで配当額の10分の1を準備金とする
(29)	現物配当	規定なし	手続規定あり
(30)	財源規制	個別的な財源規制	統一的な財源規制
(31)	純資産額配当規制	なし	あり（配当の前後で純資産額300万円以上が必要）
(32)	繰延資産等の制限	開業費，開発費，試験研究費のみ配当規制の対象	すべての繰延資産とのれん（の2分の1）について配当規制の対象
(33)	建設利息	資産計上可能	資産計上禁止
(34)	監査意見	適法	適正

第2編

純資産会計

第2章 貸借対照表と純資産

1 貸借対照表と純資産

貸借対照表（balance sheet：B/S）とは，企業の一定時点（通常，期末）における資金の調達と運用の状況（つまり**財政状態**：financial position）を示す計算書である。

この貸借対照表は，従来の商法では，資産・負債・資本の各部に分けて表示されていた。他方，新しい会社法では，貸借対照表は，資産・負債・純資産の各部に分けて表示することとなっている。

すなわち，そこでは，資本から純資産へ概念的，質的な変化が行われている。

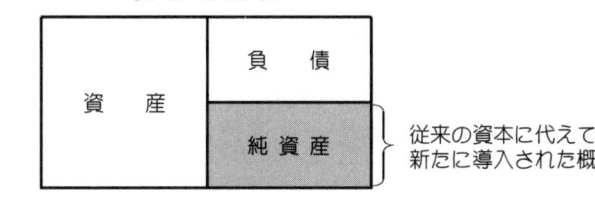

貸借対照表

| 資産 | 負債 |
| | 純資産 ← 従来の資本に代えて新たに導入された概念 |

2 純資産の意義

(1) 純資産の意義

会計上，**純資産**（net asset：ＮＡ）とは，資産から負債を差し引いたものであり，差額概念である。

これは，いわゆる会計の国際的なコンバージェンス（convergence：収斂ないし統一化）に向けて**国際会計基準審議会**（International Accounting Standards Board：IASB）が公表している**国際財務報告基準**（International Financial Reporting Standards：IFRS）などで採用されている**利益観**（view of earnings：会計上の利益の本質をどのように捉えるのかという考え方）である**資産負債中心観**（asset and liability view：ＡＬＶ：資産（負債）概念を中心として，両者の差額である純資産の増減を利益とみる考え方）に日本の会計制度を調整するために導入されたものである。

なお，これとの関係で，我が国では，利益観として**収益費用中心観**（revenue and expense view：ＲＥＶ：収益費用概念を中心として，両者の差額を利益とみる考え方）も重要であると考え，純資産の内訳構成要素として**株主資本概念**（株主からの出資額とその運用から生じた成果としての利益）を残しており，両者の差額を基本的に，その他の包括利益に相当する評価・換算差額等と負債と資本の中間的な性質をもつ新株予約権であるとしている。

❖ 会計の国際化と純資産概念

貸借対照表

資産 / 負債 / 差額 / 純資産

内訳 → 株主資本 / その他

我が国が重視：収益費用中心観

両者の調整項目

会計の国際的なコンバージェンスの促進のため　資産負債中心観の影響

(2) 純資産の部の導入

前述の観点から，従来の商法では，貸借対照表は資産，負債及び資本の各部に分けられていたが，新しい会社法では，企業会計と同様に，資産，負債及び純資産の各部に分けている。

貸借対照表

| 資産(の部) | 負債(の部) |
| | 純資産(の部) |

(3) 純資産の部の表示

会社法で新たに導入された財務諸表上の純資産の部の表示は，次のとおりで

■ 第2編　純資産会計

ある。

　すなわち，純資産の部は，貸借対照表上，資産の部と負債の部の差額として計算される部分であるが，これは，①株主からの出資額と損益計算書を経由して計上された利益剰余金を示す株主資本，②損益計算書を経由せずに貸借対照表純資産の部に直接計上される評価差額や換算差額を示す評価・換算差額等及び③新株予約権から構成されている。

　なお，「貸借対照表の純資産の部の表示に関する会計基準」（企業会計基準委員会　平成17年12月9日）による純資産の部の様式は，以下のとおりであり，会社法も同様である。

（個別貸借対照表）			（連結貸借対照表）		
〔純資産の部〕			〔純資産の部〕		
Ⅰ　株主資本			Ⅰ　株主資本		
1　資本金		×××	1　資本金		×××
2　新株式申込証拠金		×××	2　新株式申込証拠金		×××
3　資本剰余金			3　資本剰余金		×××
(1)　資本準備金	×××				
(2)　その他資本剰余金	×××				
資本剰余金合計		×××			
4　利益剰余金			4　利益剰余金		×××
(1)　利益準備金	×××				
(2)　その他利益剰余金					
××積立金	×××				
繰越利益剰余金	×××				
利益剰余金合計		×××			
5　自己株式		△×××	5　自己株式		△×××
6　自己株式申込証拠金		×××	6　自己株式申込証拠金		×××
株主資本合計		×××	株主資本合計		×××
Ⅱ　評価・換算差額等			Ⅱ　評価・換算差額等		
1　その他有価証券評価差額金		×××	1　その他有価証券評価差額金		×××
2　繰延ヘッジ損益		×××	2　繰延ヘッジ損益		×××
3　土地再評価差額金		×××	3　土地再評価差額金		×××
評価・換算差額等合計		×××	4　為替換算調整勘定		×××
			評価・換算差額等合計		×××
Ⅲ　新株予約権		×××	Ⅲ　新株予約権		×××
			Ⅳ　少数株主持分		×××
純資産合計		×××	純資産合計		×××

(4) 純資産の部の特徴

純資産の部の特徴としては，次のものがある。

① 資産と負債の差額概念であること
② 国際的なコンバージェンスを指向したものであること
③ 資産負債中心観に基づくものであること
④ その構成要素として我が国独自の収益費用中心観に基づく株主資本（報告主体の現在の所有者（連結の場合には，親会社）に帰属するもの）概念を温存していること
⑤ 前述の④によって，clean-surplus（クリーン・サープラス）の関係（損益計算書上で算出された当期純損益と貸借対照表上の株主資本の増減額が（資本取引を除く）等しいという関係のこと）が維持されていること
⑥ ③と④の調整項目として，評価・換算差額等，新株予約権及び少数株主持分項目を設けていること
⑦ 未実現の評価損益や従来資産負債とされていた繰延ヘッジ損益などの資産負債の評価等についての調整項目，すなわちいわゆる**その他の包括利益**（other comprehensive income）を評価・換算差額等としてまとめたこと
⑧ ⑦に関連して，その他有価証券評価差額金のように，未実現項目でそれが実現したときに，損益計算書を経由して業績として認識し，利益剰余金に**リサイクル**（recycle：振替え）されるものと，土地再評価差額金取崩額のように，それが実現したときに，当期純利益（損益計算書）に反映されず，その他利益剰余金（株主資本等変動計算書）に直接計上されるものとがあること
⑨ 資産や負債の概念をまず先に明確にし，それに該当しない項目（新株予約権や少数株主持分）は，純資産の部に表示することとしたことなど

(5) 資本の意味

貸借対照表

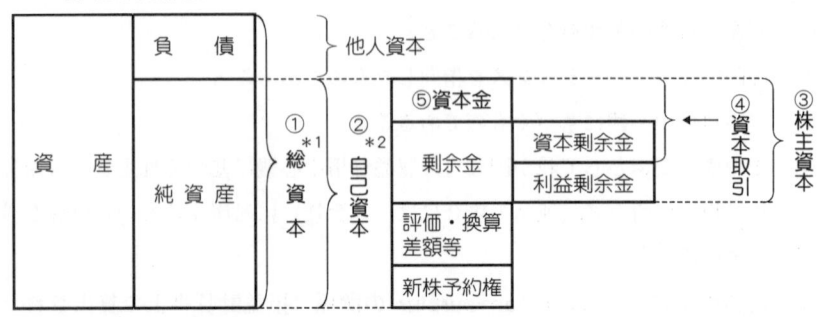

```
┌─────┬─────┐
│     │ 負 債 │ ─ 他人資本
│ 資 産 ├─────┤
│     │ 純資産 │
└─────┴─────┘
```

①総資本 *1
②自己資本 *2
⑤資本金
剰余金（資本剰余金／利益剰余金）
評価・換算差額等
新株予約権
④資本取引
③株主資本

＊1　資産総額と同額
＊2　ただし、一般に自己資本というと新株予約権を除いて考えることが多い。

　会計上の資本の意味には、次のように、種々のものが考えられる。

① 最広義には、経営財務論的な意味での（総資産と同額の）**総資本**（一般に、自己資本と他人資本の合計額）を意味する。
② 広義には、他人資本に対する企業の所有者としての株主の持分である**自己資本**（つまり純資産）を意味する。ただし、新株予約権を自己資本に含めるか否かについては、議論があり、経営分析などでは、現在の株主とは直接関係がないので、一般に新株予約権を控除した金額を意味する。
③ 会社法上、株主からの出資額とその運用成果としての損益計算書を経由して計上された利益剰余金を示す**株主資本**を意味する。
④ 狭義には、資本取引から生じた**資本金**と**資本剰余金**を意味する。
⑤ 最狭義では、会社法上の**資本金**（旧商法の資本）を意味する。

(6) 法的な資本と経済的な資本

　会社法上で規定されている資本金などの資本はあくまでも法律上の器（ないし基準値）としての資本であり、形式的な資本である。
　これに対して、現実の会社の経済的な資本すなわち会社の資本（純資産）は、資産と負債との差額で示され、（経営環境の変化なども含めた）会社の経営成

果によって，絶えず変動する，実質的な資本を示している。

❖ 法的な資本と経済的な資本

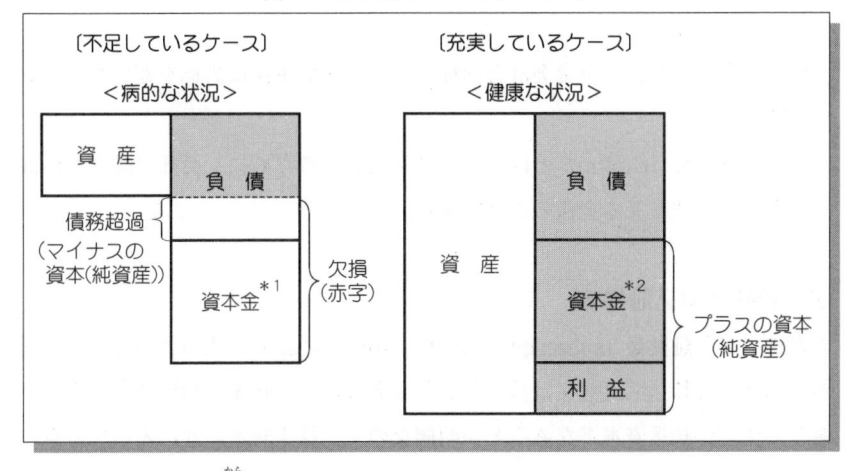

〔不足しているケース〕　　　〔充実しているケース〕
＜病的な状況＞　　　　　＜健康な状況＞

（図：病的な状況では、資産に対して負債が上回り、債務超過（マイナスの資本（純資産））が生じ、資本金*1は欠損（赤字）となっている。健康な状況では、資産が負債を上回り、資本金*2と利益でプラスの資本（純資産）が構成されている。）

* 1　資本（器）が空(から)の状況（器：形式だけはあるが，中身：実質がない状況）
* 2　資本（器）が資産で充実している状況
　■：資産により充実している部分

3　純資産の部の構成要素

(1)　株　主　資　本

　株主資本（shareholder's capital）とは，株主からの出資額とその運用から生じた成果（業績）としての利益（その留保額を含む）で損益計算書を経由して計上されたもののことである。

　これは，収益費用中心観の観点から，元本としての資本とその運用成果としての業績である利益を計上するためのものであり，損益計算書との間に**連繫**(れんけい)（articulation）を保っている。

　この構成項目は，資本金以下自己株式申込証拠金まで，前述の様式のとおりである。

(2) **資 本 金**

　従来の商法では，株主からの出資額を示す概念として**資本**という名称を使用していた（法284ノ2）。

　他方，会社法では，企業会計と同様に，これを**資本金**に名称を変更している（法445）。

　ここに**資本金**（capital）とは，債権者保護などのために，会社の財産を確保するための基準となる金額のことである。

(3) **新株式申込証拠金**

　新株式申込証拠金（subscription money for new stock）とは，新株式の発行の対価として払込期日前又は払込期間前に会社に払い込まれた出資金のことであり，すぐに払込資本となることが明確なので，株主資本の部に表示するものである。

　なお，会社法では，①払込期日を定めた場合には，払込期日に株主となり，また②払込期間を定めた場合には，その期間中に払込みをしたときには，払込日から株主となる，と規定されている。

❖　新株発行時の処理

ケース	申込期間	払込期日又は払込期間での払込み
①　払込期日の定め	新株式申込証拠金	資本金（・資本準備金）
②　払込期間の定め		

第2章　貸借対照表と純資産

COFFEE BREAK

● 払込みと株主

① 申込期間／払込期日
申込み・払込み → 新株式申込証拠金 → 資本金（払込期日に株主）

② 申込期間／払込期間
申込み・払込み → 新株式申込証拠金 → 資本金（払込日に株主）

　新しい会社法では，払込期日の代わりに払込期間を定めた場合において，その期間内に払込みが行われたときには，その払込日から株主となることが認められている（法199①四，209）。

(4) 資本剰余金
① 意義と種類

　資本剰余金（capital surplus）とは，資本取引から生じた剰余金のことである。

　これには，資本準備金とその他の資本剰余金とがある。

② 準備金概念の導入

従来の商法では，資本準備金（法288ノ2）と利益準備金（法288）は，個別概念として区別して規定され，それらを合わせたものを法定準備金という統合概念を使用していた。

他方，会社法では，両者の区別は，法律上，例えば，会社の設立時に払込価額の2分の1以下の金額を資本準備金とすることができるなど，その積立ての機会を除いては，法的要件や効果に差異はないと考え，また，従来のように必ずしもその積立てが強制されるものではなく，任意に積み立てられることとなったので，法定という修飾語を削除して両者を統合し，新たに**準備金**（reserve）という統合概念を使用している（法445）。

ただし，法令上，依然として資本準備金や利益準備金という個別概念も使用し続けており，かつ表示上，従来と同様に，両者は別個に表示される。

なお，（法定）準備金の設定目的は，会社の財政基盤を強固にし，債権者を保護するために，資本の欠損をできるだけ防止しようとするbuffer（クッション）の役割を果たすためのものである。

COFFEE BREAK

● 会計上と会社法上の剰余金概念

会計上と会社法上，剰余金の概念が異なっている。

会計上の剰余金は，基本的に株主資本のうち資本金を超える部分の金額のことであり，資本金か否かを区分基準としている。他方，**会社法上の剰余金**は，基本的に株主資本のうち資本金と準備金（という分配不能の額）を超える部分の（分配可能な）金額のことであり，分配可能性を区分基準としている。

第2章　貸借対照表と純資産

〔会計上の剰余金〕

（株主資本）

I 資　本　金			資本取引
II 剰余金	1 資本剰余金	① 資本準備金	資本取引
		② その他資本剰余金	
	2 利益剰余金	① 利益準備金	損益取引
		② その他利益剰余金	

〔会社法上の剰余金〕

（株主資本）

I 資　本　金			分配不能
II 準備金 *1	1	資本準備金	分配不能
	2	利益準備金	
III 剰余金 *2	1	その他資本剰余金	分配可能
	2	その他利益剰余金	

＊1　会社法第445条第4項
＊2　会社法第446条

③　資本準備金

資本準備金（capital reserve）とは，法律によってその積立てが強制又は配当が規制されている資本性の準備金のことをいう。

これには，株式払込剰余金，合併差益，分割差益，株式交換差益，株式移転差益，（その他資本剰余金を原資とする配当の際に積み立てられる）資本準備金及び（資本金やその他資本剰余金を減少させて計上する）資本準備金がある。

④　その他資本剰余金

その他資本剰余金（other capital surplus）とは，資本準備金以外の資本剰余金のことである。

これには，例えば，資本金及び資本準備金減少差益や自己株式処分差益などがある。

⑤　表　　　示

従来の商法では，その他資本剰余金について，自己株式処分差益など，その内容を示す適当な名称を付した科目に細分することとなっていた。

他方，会社法では，その他資本剰余金の内訳を原則として表示しないこととしている（計規108）。

(5) 利益剰余金
① 意義と種類
　利益剰余金（earned surplus）とは，損益取引から生じた剰余金のことである。

　これには，利益準備金とその他利益剰余金とがある。

② 利益準備金
　利益準備金（earned surplus reserve）とは，法律によってその積立てが強制又は配当が規制されている利益性の準備金のことである。

　これには，（その他利益剰余金を原資とする配当に際して積み立てられる）利益準備金や（その他利益剰余金を減少させて任意に積み立てる）利益準備金がある。

③ その他利益剰余金
　その他利益剰余金（other earned surplus）とは，利益準備金以外の利益剰余金のことである。

　そして，これには，任意積立金のように，株主総会などの決議に基づいて設定される項目とそれ以外のものとに分けられ，前者はその内容を示す科目で表示し，後者は繰越利益剰余金で表示する。

④ 表　　示
　従来の商法では，利益剰余金について，利益準備金，任意積立金及び当期未処分利益に区分し，かつ任意積立金はその内容を示す適当な名称を付した科目に細分することとしていた（商施規90）。

　他方，会社法では，利益剰余金について，利益準備金とその他利益剰余金とに区分し，その他利益剰余金については，原則として内訳を表示しないものとしている（計規108）。

　ただし，会計基準では，任意積立金と繰越利益剰余金を区分表示することを要求しているので，制度的には，任意積立金と繰越利益剰余金を区分して表示することとなる。

(6) 自己株式

自己株式（treasury stock）とは，自社が一旦発行した株式を取得し，それをまだ処分ないし消却せずに手許にある株式のことである。

これは，新しい会社法上，資本の払戻し取引（資本取引）と考えられている。

(7) 自己株式申込証拠金

自己株式申込証拠金（subscription money for treasury stock）とは，新株発行の場合と同様に，自己株式の処分の対価として払込期日前又は払込期間前に会社に払い込まれた出資金のことであり，すぐに払込資本となることが明確なので，株主資本の部の自己株式の区分の次に表示するものである。

(8) 評価・換算差額等

評価・換算差額等（revaluation and translation differences）とは，いわゆるその他の包括利益（other comprehensive income）に属する損益計算書を経由せずに純資産の部に直接計上される項目（純資産直入項目）のことである。

これには，その他有価証券評価差額金，繰延ヘッジ損益，土地再評価差額金などがある。

なお，これらの項目は，税効果会計適用後の金額が計上されるが，この税効果は資産負債中心観による資産負債法に基づいて計上されるので，(収益費用中心観に基づく繰延法では計上されず，かつ損益計算書に影響しないので）評価差額等から直接控除する（つまり，法人税等調整額を計上しない方法による）こととなっている。

(9) その他有価証券評価差額金

その他有価証券評価差額金（valuation difference on other securities）とは，その他有価証券を期末に時価評価することによって生じる評価差額であり，損益計算書を経由せずに，純資産の部に直接計上されるものである。従来の商法では，株式等評価差額金と呼ばれていたものである。

なお，その他有価証券評価差額金は，これに係る繰延税金資産負債を控除した後の金額で計上する。

(10) 繰延ヘッジ損益

繰延ヘッジ損益（deferred hedge gain and loss）とは，ヘッジ会計において**繰延ヘッジ法**（ヘッジ手段の損益を，その発生時ではなく，ヘッジ対象の損益が認識されるまで遅らせ，ヘッジ対象とヘッジ手段の損益を同一期間に認識する方法のこと）を採用した場合に，ヘッジ手段に生じる損益を，ヘッジ対象についての損益が生じる期間まで繰り延べたものである。

この繰延ヘッジ損益は，従来の商法では，繰延ヘッジ利益を負債とし，繰延ヘッジ損失を資産として表示していた。他方，新しい会社法では，企業会計と同様に，これを純資産（評価・換算差額等）の部に計上することとしている。

なお，繰延ヘッジ損益は，これに係る繰延税金資産負債を控除した後の金額で計上することとしている。

※ 繰延ヘッジ損益の表示

摘　　要	旧　制　度	新　制　度
繰延ヘッジ利益	負債の部	純資産の部
繰延ヘッジ損失	資産の部	

(11) 土地再評価差額金

土地再評価差額金（land revaluation difference）とは，土地の再評価に関する法律（いわゆる土地再評価法）に基づいて事業用の土地（すなわち販売用の商品としての土地以外の土地）の再評価を行う場合に，土地の取得原価と時価との差額として計上されるものである。なお，現在は，土地の再評価は認められていない。

なお，土地再評価差額金は，これに係る繰延税金資産負債を控除した後の金額を計上する。

⑿　為替換算調整勘定

為替換算調整勘定（translation adjustments account）とは，親会社が連結財務諸表作成上，在外子会社等の財務諸表を換算する際に決算日レート法を適用することにより決算日レートで換算する資産・負債の円貨額と，取得日ないし発生日レートで換算する資本項目の円貨額との差額のことである。

これは，在外子会社の業績（経営成績）とは全く無関係に，換算技術上生じるもので，資産性や負債性を持たないので，連結財務諸表上，純資産の部に表示する。

⒀　新株予約権

新株予約権とは，その権利の行使によって，その会社の株式の交付を受けることができる権利のことである（法2）。

これは，将来においてもし権利が行使される場合には，払込資本とされる可能性があるが，反対に，もし権利が行使されない場合には，払込資本とならず，利益となる可能性もあるものである。

そこで，従来の商法では，その権利行使の有無が確定するまで，その性質が決まらないので，仮勘定として負債の部に計上していた。

他方，会社法では，負債性がないという理由で，純資産の部に計上することとしている。

❖　新株予約権の表示

摘　　要	旧　制　度	新　制　度
新株予約権の表示	負債の部	純資産の部

⒁　少数株主持分

少数株主持分（minority interest）とは，連結財務諸表上，子会社の資本のうち親会社に帰属していない部分のことである。

これは，我が国の会計基準が**親会社説**（持分比率を重視し，企業集団をその

■ 第2編 純資産会計

最大の持分を所有している親会社株主のものと考え、連結財務諸表を親会社のコントロール下にある企業集団の財務諸表として親会社株主の立場に立って、親会社の株主のために作成すると考えるもの）を採用しているために、少数株主の子会社への出資が親会社の出資と同様に資本として取り扱われないために生じるものである。これは、負債でも、親会社株主に帰属する資本でもない中間的なものとして、従来の商法では負債と資本の中間に独立項目として表示されていた。他方、会社法では、中間区分を設けないこと及び負債性がないことを理由として、純資産の部に表示することとしている。

❖ 少数株主持分の表示

摘　　　要	旧　制　度	新　制　度
少数株主持分の表示	負債と資本の中間区分	純資産の部

第3章 純資産関係の変更

1 純資産の部の変更の方向性

　ここでは，(後述する資本の部の計数の変動などを除く) 会社法上の純資産の部関係の主要な変更の内容をみていくことにする。
　まず，会社法や新会計基準での従来の資本の部から新しい純資産の部への変更に関する方向性についてであるが，これは，次のとおりである。
① 国際会計基準（IFRS・IAS）と日本の会計基準との調和化・統一化
② 会社法による公正な会計慣行の受入れ（遵守）
③ 資金調達をより一層容易にするための規制緩和
④ より一層の弾力的な企業経営を行えるようにすること，など

2 株主資本の部の主要な変更の概説

　従来の商法から会社法への改変に伴う株主資本の部に関する主な変更には，次のようなものがある。
① 株式発行に伴う資本金等の組入額の考え方は，発行価額主義から払込価額主義になった。

② 配当規制の柔軟化が行われ，会社はいつでも，何回でも，現物でも配当が可能となった。

③ 資本取引項目間のすべての計数の変動が可能となった。

④ 損益取引項目間のすべての計数の変動が自由になった。

⑤ 最低資本金制度が廃止され，100％減資制度が導入された。

⑥ 準備金を資本金の４分の１だけ維持する制度が廃止され，100％準備金減少制度が導入された。

株主資本の部の主要な変更の概観

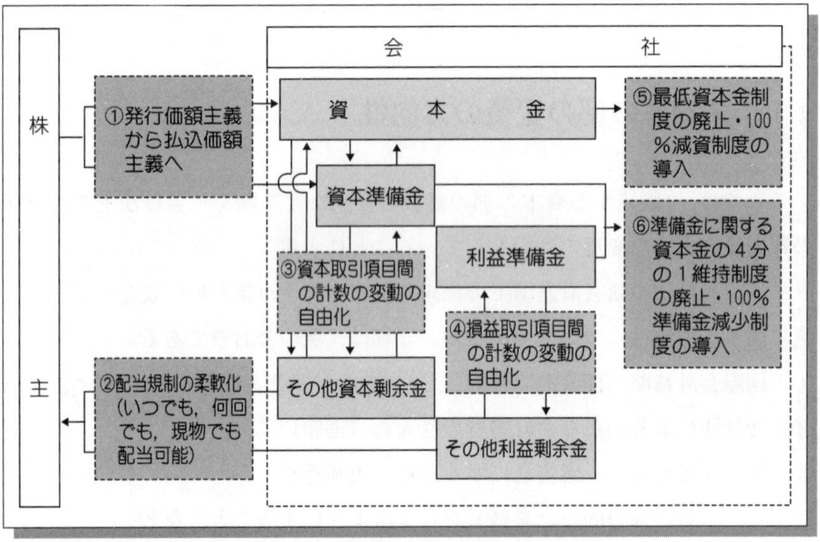
株
主
会　社
①発行価額主義から払込価額主義へ
資　本　金
⑤最低資本金制度の廃止・100％減資制度の導入
資本準備金
⑥準備金に関する資本金の４分の１維持制度の廃止・100％準備金減少制度の導入
利益準備金
③資本取引項目間の計数の変動の自由化
④損益取引項目間の計数の変動の自由化
②配当規制の柔軟化（いつでも，何回でも，現物でも配当可能）
その他資本剰余金
その他利益剰余金

3　最低資本金制度の廃止

(1)　最低資本金制度の意義

最低資本金制度（minimum capital system）とは，有限責任を採る物的会社において，会社の設立時，存続時及び分配時において最低限の資本金の金額として払込みないし維持することを法的に要求する制度のことである。従来の商

法などでは，株式会社の場合には1,000万円，有限会社の場合には300万円が最低資本金であった。

(2) 規制上の意義

この最低資本金制度は，次のような制度的な規制上の意義を持っていた。

① 払込規制

これは，会社の設立時において最低限の資本金として払い込むべき金額を規定するものである。

② 表示規制

これは，会社の存続時において最低限の資本金として表示・維持されるべき金額を規定するものである。

③ 配当規制

これは，利益配当時において最低限の資本金として配当されずに維持すべき金額を規定するものである。

※ 最低資本金制度の規制上の意義

摘　　要	内　　容
① 払込規制	設立時に最低限の資本金として払い込むべき金額
② 表示規制	存続時に最低限の資本金として表示・維持すべき金額
③ 配当規制	利益配当時に最低限の資本金として維持すべき金額

(3) 資本原則

株式会社という有限責任の物的会社では，会社債権者を保護するための財務的な基礎は，会社の財産（資産）であるので，一定の資産が現実に会社に出資され，維持されることが重要である。このために，次のような資本の原則がある。

① 資本確定の原則

これは，会社の設立時において，定款所定の資本金額に相当する株式の全部の引受けがなされ，資本拠出者・拠出額が確定しなければならない，というこ

② 資本充実の原則

これは，会社の設立時において，資本をそれに相当する財産の払込みなどによって実質的に充実しなければならない，ということを要請するものである。

③ 資本維持の原則

これは，資本を裏付ける現実の会社財産の流出を配当規制などによって制限し，その財産が現実に維持されなければならない，ということを要請するものである。

④ 資本不変の原則

これは，資本の充実や維持を図るために，一旦(いったん)定めた資本の金額を，債権者保護手続きなどの厳格な資本減少の手続きによらないで，自由に減少することを禁止するものである。

※ 資本原則

摘　　要	内　　容
① 資本確定の原則	所定の資本金額に相当する株式全部の引受けがなされることを要求するもの
② 資本充実の原則	資本に相当する財産の払込みを確保することを要求するもの
③ 資本維持の原則	資本を裏付ける現実の財産の維持を要求するもの
④ 資本不変の原則	資本金額の減少のためには，厳格な資本減少手続きを要し，自由に減少させないことを要求するもの

(4) 要請理由

最低資本金制度が必要とされる主な理由には，次のようなものがある。

① 債権者保護

この制度の要請理由の1つは，債権者保護のためである。すなわち，会社債務に対する唯一の担保である返済手段は会社財産であり，債務超過（liabilities exceed assets）に容易に陥らないように予防するために，この制度が要求される。

② 有限責任制

上記①と関連するが，物的会社である株式会社において株主は，会社債務に対して有限責任のみを負っている。このような特典を享受するための補完装置として，その唯一の財務的な基礎である会社財産を確保するための基準として，最低資本金制度がある。

③ 規模規制

株式会社という会社形態を選択する際に，法人格の濫用を防止するために規模基準として，最低資本金制度がある。

最低資本金制度の主な要請理由

理　由	内　容
① 債権者保護	一定の資本（財産）を維持することによって，債権者を保護するため
② 有限責任	有限責任という特典を享受するための補完装置として
③ 規模規制	株式会社という会社形態を選択するための規模基準として

(5) 制度の変更内容

従来の商法では，最低資本金制度を採用していた。

他方，会社法では，この制度を廃止した。これに伴って，資本規制は次のように変更されている。

① 払込規制

会社法では，払込規制が廃止され，設立時に1,000万円以上の資本金への払込みは不要となった。これにより1円出資が可能となり，設立費用を資本控除する場合や組織再編による場合には，零資本金での会社設立が可能となっている。

② 表示規制

会社法では，表示規制が廃止され，会社の存続中に1,000万円の資本金を維持・表示する必要がなくなった。これに伴って，資本金零まで減資することが可能となっている。

③ 配当規制

会社法では、配当規制が項目及び金額の双方で緩和された。すなわち、項目面では、従来のように資本金（及び法定準備金）のみではなく、純資産（項目）全体で判断し、かつ金額面では、従来の1,000万円以上ではなく、300万円以上というように変更されている。

※ 最低資本金制度の廃止に伴う資本規制の変更

摘　　　要	旧　　商　　法	会　　社　　法
最低資本金制度	有：株式会社1,000万円	無（廃止）
① 払込規制	有：設立時に払込み	無（1円払込みでもよい＊）
② 表示規制	有：存続時に表示・維持	無（零でもよい）
③ 配当規制	有：資本金1,000万円の維持	有（純資産300万円の維持）

＊ 設立時の資本金は零でも可能。ただし、通常の払込みは1円以上が必要である。

(6) 変更理由

最低資本金制度が廃止された主な理由は、次のとおりである。

① 起業促進

この制度が廃止された理由の1つは、規模規制を廃止することによって、少額の資本金でも起業ができるようにすることによって、起業を促進し、これにより日本経済を活性化するためである。

なお、この制度がなくなると、社債を発行可能な会社を容易に設立できるというメリットもある。

② 表示を実態に合わせるため

従来において企業によっては、会社の事業の失敗によって損失が発生し、財産が資本に満たなくなっても、従来の商法上、解散させたり、増資を要求したり、又は取締役にその填補を義務付けたりしていなかったので、その実態としての純資産額が表示資本以下しかないところもあり、表示がその実態と必ずしも合っていなかった。そこで、この表示と実態とを合わせるために、この制度が廃止された。

(7) 資本原則の変更

最低資本金制度の廃止などによって，会社法での資本原則は，次のように変更されている。

① 資本確定の原則

会社法では，すべての株式が引き受けられなくてもよくなったので，この原則はなくなった。

② 資本充実の原則

①と関連し，会社法では，すべての株式が引受け，払込みがなされなくてもよくなったので，この原則はなくなった。

③ 資本維持の原則

会社法では，資本を裏付ける会社財産の流出を制限し，それが維持されることを要求しているので，資本確定・充実の原則がなくなったことによって，その意義は著しく低下したものの，この原則は存続している。

④ 資本不変の原則

会社法では，資本減少について厳格な手続きを設け，自由な減少ができないようにしているので，この原則は存続している。

なお，最低資本金制度が廃止され，零資本金での設立が可能となったり，また資本金の全額取崩しによって零資本金での会社存続が可能となったことなどに伴って，前述の債権者保護を目的とする資本原則は実質的な意義を失ってしまっているという主張も少なからず見られる。

4　設立時の資本金等

(1) 制度の変更

会社の設立時において，従来の商法では，最低資本金制度を適用することが要求されていた。

他方，会社法では，この規制は撤廃されている。

また，実務上，会社の設立時において，株式の発行価額以上の価額での引受

け（払込み）が可能であり，この場合には，発行価額と引受価額（払込価額）には違いが生じる。

これに関して，従来の商法では，設立時の資本金の計上額を，原則として株式の発行価額の全額としていた（**発行価額主義**）。

他方，会社法では，原則として株式発行の対価として株主からの払込額（又は給付額）の全額とする（**払込価額主義**）（法445①），というように変更されている。

なお，例外として，払込価額のうち2分の1を超えない額は，資本準備金（株式払込剰余金）とすることができる（法445②，③）。

また，会社は設立時に定款において設立に際して出資すべき額又はその下限額を定める必要がある（法27④）。そして，募集設立時においては，（他の一定の条件が満たされ）この金額以上の出資がなされている場合には，そのまま見切り発車という形で設立を行うことができる。

❖ 設立時の資本金等

摘　要	内　容
① 原　則	払込価額の全額を資本金とする。
② 例　外	払込価額の2分の1を超えない額を資本準備金（株式払込剰余金）とすることができる。

なお，株券の発行に際して，会社法では，従来の商法とは逆に，原則として株券の発行は行わないこと（**株券不発行制度**）とされ，例外的に定款に定めがある場合のみ，株券の発行を行うこととした。

(2) 設立時の資本金等の額

会社法上，会社の募集設立や発起設立時においてその会社に対して，**払込み又は給付した財産の額**（**純払込額**）とは，次の①（総払込額）から②（資本金又は資本準備金から減少させるべきと定めた設立費用の額：ただし，当分の間，この金額は零）を差し引いた額（零未満の場合には零。なお，マイナスの資本

金は不可能）である（計規74）。

① 次の額の合計額（**総払込額**）（零未満のときは，零）
　　㋑　払込金銭額（金銭出資のケース）
　　㋺　給付を受けた金銭以外の財産額（現物出資のケース）
　　㋩　払込み又は給付財産の直前の帳簿価額（共通支配下関係にある会社間における出資などのケース）

② 次のような設立関係の費用のうち，設立に際して資本金又は資本準備金として計上すべき額から減少させるべきと定めた額（**設立費用の資本控除額**：ただし，当分の間，この額は零）
　　㋑　発起人が受取る報酬等の額
　　㋺　会社負担の設立に関する費用
　　㋩　定款認証手数料
　　㊁　銀行等に支払う手数料等
　　㋭　検査役の報酬
　　㋬　登録免許税
　　㋣　その他の一定の設立費用

❖　資本金の額の考え方

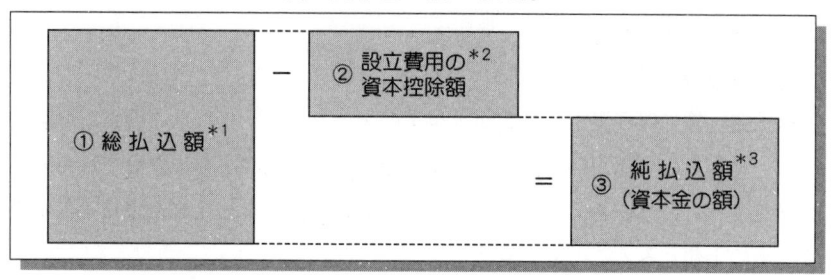

①総払込額[*1] － ②設立費用の資本控除額[*2] ＝ ③純払込額[*3]（資本金の額）

* 1　払込時の財産価額：払込価額主義
* 2　設立費用の資本控除額。ただし，①これは**任意規定**であること及び②公正な会計慣行がある場合のみ認められ，かつ，③当分の間は，この処理を認めないので，この金額は零（計規附11条5号）というのが現行の公正な会計慣行であることに

注意する。

＊3　原則として，全額が資本金の額となるが，例外として2分の1以下の金額は資本準備金とすることができる。なお，上記①－②の金額がマイナスのときは，マイナスのその他利益剰余金として処理する。

（出所）　岩崎　勇『新会社法会計の考え方と処理方法』税務経理協会，64頁。

❖　設立時の資本金等の取扱い

摘　　要	商　　　法	会　　社　　法
① 考　え　方	発行価額主義	払込価額主義
② 計　上　額	㋐ 原則：全額 ㋑ 例外：2分の1以下は資本準備金としうる	㋐ 原則：全額 ㋑ 例外：2分の1以下は資本準備金としうる
③ 設立費用の取扱い	① 費用処理 ② 繰延資産計上	① 費用処理 ② 繰延資産計上 ③ 資本控除処理＊1
④ 最低資本金制度	有：株式会社1,000万円以上	無：廃止（零円資本金での設立可能＊2）

＊1　①公正な会計慣行で認められる場合のみ採用可能であり，かつ，②現行の会計慣行では，当面の間はこの処理を認めないこととなっている。

＊2　上述の①資本控除処理した場合や②共通支配下関係にある会社間の出資などで払込価額がマイナスとなるような場合には，零資本金での設立が可能となる。

(3) 株式発行費等の考え方

① 理論的な処理方法

㋐ 資本控除説

　株式発行等に伴う資本金の金額を現実のキャッシュ・フローの観点から考えれば，資本金の金額が発行価額主義から現実の払込価額主義に変更されたのと同様な考え方に基づき，理論的には株式の発行費用等を控除した正味手取額を資本金の金額とみることもできる。

❖ 株式発行による資本金の金額：キャッシュ・フローの観点から

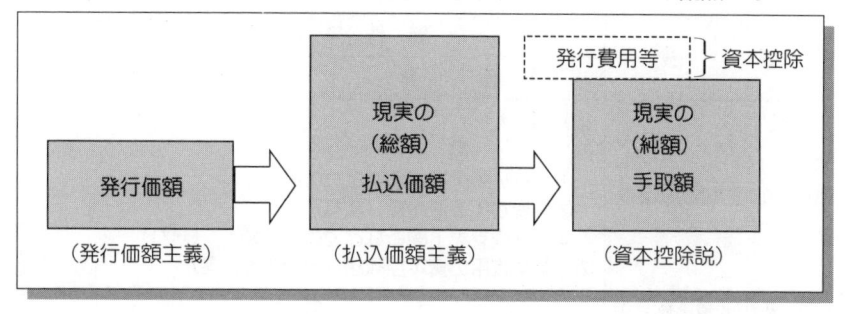

```
発行価額        現実の            現実の
              （総額）           （純額）
              払込価額           手取額

（発行価額主義） （払込価額主義）   （資本控除説）
```

発行費用等 } 資本控除

㈢　費　用　説

　株式発行費等は，資金調達のために要する財務的なコストなので，財務費用として処理すべきであるという考え方。

㈣　繰延資産説

　株式発行費等は，その支出の効果がその期のみならず将来の期間においても発現するので，繰延資産として計上し，その後償却をすべきであるという考え方。

②　制度的な取扱い

　会社法上は，資本控除説の採用も可能な条文規定になっているが，現行の公正な会計慣行では，資本控除説は採用されていない。それゆえ，制度的には，費用説又は繰延資産説に基づいて処理することとなる。

第2編 純資産会計

❖ 通常の設立時における株主資本の額

摘　　要	新株発行のみ	
	① 通　　常	② 例　　外*3
① 資本金等増加限度額	{(1)－(2)}*1 (1) 払込額 　① 払込金全額（通常これのみ） 　② 現物出資財産額（まれ） 　③ 共通支配下関係などでの払込額*2（まれ） (2) 募集費用の資本控除額（当分の間，零）	
② その他資本剰余金	零	
③ その他利益剰余金	零	{(1)－(2)}*3 ➡マイナスのその他利益剰余金

* 1 払込額の2分の1以下の金額を資本金としないことができる。
* 2 払込額がマイナスのときには，零資本金での設立が可能となる。
* 3 払込額等がマイナスの場合に限る。

(4) 例　題

──〔設　例〕　設立時の資本金等──────────────

次の各ケースにおける取引の仕訳をしなさい。ただし，現金及び預金の受払いは，現金預金勘定で処理する。

ケース①：払込額の全額資本金とし，設立費用を費用処理するとき

ケース②：払込額の半分を資本金とし，設立費用を繰延資産計上するとき

ケース③：払込額の全額を資本金とし，設立費用を資本金から控除するとき

X社は，設立に際して100株（1株@¥50,000）を発行し，全額預金に払込みを受けた。なお，設立に関する諸費用¥100,000がかかり，現金で支払った。

〔解　答〕

① （借）現　金　預　金　5,000,000*1　（貸）資　本　金　5,000,000
　　（借）設　立　費　用　　 100,000　（貸）現　金　預　金　　100,000

② (借)現 金 預 金 5,000,000　　(貸)資　本　　金 2,500,000*2
　　　　　　　　　　　　　　　　　　資 本 準 備 金 2,500,000*2
　　　　　　　　　　　　　　　　　（株式払込剰余金）

　　(借)創　立　費　　100,000　　(貸)現 金 預 金　100,000
③ (借)現 金 預 金 5,000,000　　(貸)資　本　　金 5,000,000
　　(借)資　本　金　　100,000　　(貸)現 金 預 金　100,000

* 1　5,000,000＝100×50,000
* 2　2,500,000＝5,000,000×0.5

COFFEE BREAK

● 検査役の調査不要の現物出資等

新会社法では，設立時における現物出資・財産引受けは「**500万円以下**」であれば，検査役の調査は不要となっている（法33⑩一）。

また，検査役の調査が不要な有価証券の範囲は，従来の「**取引所の相場のある有価証券**」から「**市場価格のある有価証券**」に拡大（緩和）されている（法33⑩二）。

さらに，**期限が到来している金銭債権**を**額面以下**で**現物出資**する場合には，検査役の調査は不要となっている（法207⑨五）。

この制度を利用すれば，例えば，debt-equity swap：ＤＥＳ：債務の株式化などにより，会社の有利子負債の圧縮などの財務内容の再構築も，従来と比べて容易に行えることとなる。

なお，ＤＥＳの債務者側の処理方法として，①**券面額法**（債権の券面額で払込資本に振替処理を行う方法）と**評価額法**（債権の時価で払込資本に振替処理を行う方法）があるが，会社法上は，それらが公正な会計慣行であれば，認められる。

第4章 資本の部の計数の変動

1 資本の部の計数の変動の概要

(1) 資本の部の計数の変動の意義
① 意　　義

　会社法上，**資本の部の計数の変動**とは，株主資本の部の内部での資本金，準備金及び剰余金の間の金額の移動のことである。それゆえ，企業財産の社外流出を伴う財産の処分は，これには含まれない。そして，これらの内容はすべて株主資本等変動計算書で表示される。

② 資本の部の分類の基礎

　資本の部の分類の基礎について会社法では，基本的にその（計上）取崩しに要する手続きに基づいて，資本金・準備金・剰余金に分類している。他方，企業会計では，その発生源泉に基づいて資本金・資本剰余金・利益剰余金などに分類している。

③ 決定機関等

　会社法では，資本の部の計数の変動について，原則としていつでも株主総会の決議でそれを変動させることができるとしている（法447，450，451）。

　なお，例外として，取締役会の決議による剰余金の配当等の定款の定めがある場合には，資本金及び準備金の増減（債権者保護手続きを要しない準備金の

■ 第2編　純資産会計

減少を除く）以外の計数の変動を，取締役会で決定できるとしている。

(2) 変動のパターンとその考え方
① 変動のパターン

会社法上認められている資本の部の計数の変動についての具体的パターンは，次図のとおりである。

❖　資本の部の計数の変動

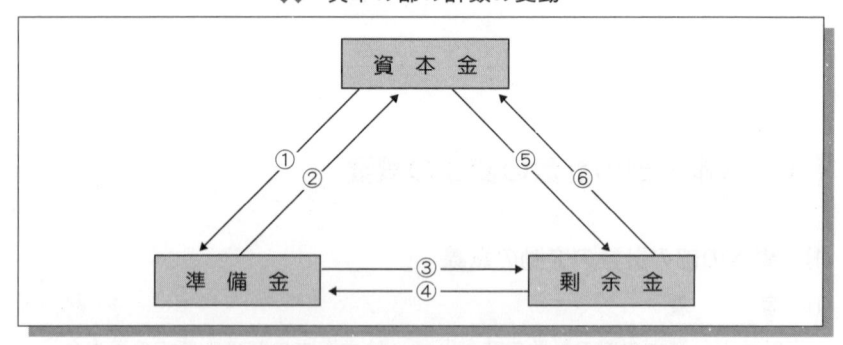

```
              資 本 金
            ↗↙       ↖↘
          ①②         ⑤⑥
         ↙↗           ↘↖
      準 備 金 ――③→ 剰 余 金
              ←④――
```

❖　資本の部の計数の変動

番号	種　類	具体的な内容	
		資本性項目	利益性項目
①	資本金の準備金組入れ*1	資本金の資本準備金への組入れ（計規49①一）	―
②	資本準備金の資本金組入れ	資本準備金の資本金への組入れ（計規48①一）	―*4
③	準備金の取崩し*2*5	資本準備金をその他資本剰余金へ（計規50①二）	利益準備金をその他利益剰余金へ（計規52①一）
④	剰余金の準備金組入れ*1	その他資本剰余金を資本準備金へ（計規49①二）	その他利益剰余金を利益準備金へ（計規51①）
⑤	資本金の取崩し*3*5	資本金をその他資本剰余金へ（計規50①一）	―
⑥	剰余金の資本金組入れ	その他資本剰余金の資本金への組入れ（計規48①二）	―*4

■ 第4章　資本の部の計数の変動

*1　新たに認められたものである。
*2　準備金減少ないし減準備金という。
*3　減資という。
*4　会社法では，利益準備金やその他利益剰余金の資本金への組入れは禁止されている（計規48①一，二）。
*5　資本金・準備金は，減少手続きを経ることによって，将来の（潜在的な）分配可能額の財源（**資本金・準備金の分配財源化**）となっている。
（出所）岩崎　勇『新会社法会計の考え方と処理方法』税務経理協会，68頁。

② 考 え 方

　資本の部の各項目については，例えば，資本金や準備金と剰余金とでは，**配当制限があるか否か**で異なっており，また資本金と準備金とでは，それを減少させる場合に債権者保護の観点から**債権者異議手続き**（資本金や準備金減少の内容などを公告し，これに関して一定期間内において異議申立てをすることができるものとし，それに対して異議申立てをした債権者に対して弁済などをする手続きのこと）を要するか否かなどで異なっているが，これらの違いは要件の差異のみであり，債権者保護手続きなど一定の手続きを経ることを前提とすれば，法律上，これらの相互振替えを否定する理由はないと考えている。

　そこで，前図のように，すべての組合せで相互振替えが可能となっている。

　このように，会社法上，会社は，株主総会の決議によって，いつでも，また（資本と利益の区別を除き）**すべての組合せで相互振替えが可能**になり，剰余金の配当規制と合わせて，より容易に柔軟で機動的な**資本・配当政策**を行えるようになっている。

③ 資本と利益の区別の原則との関連

　新しい会社法では，資本の部の計数の変動に関して，企業会計上の一般原則の１つである**資本と利益の区別の原則**（資本取引と損益取引，そしてその結果としての資本剰余金と利益剰余金とを混同してはならないという原則のこと）を尊重し，基本的に**資本と利益の混同を認めない**という立場を採用している。

　なお，例外として，欠損填補（マイナスの利益剰余金の填補）のために，資本金，資本準備金又はその他資本剰余金（すなわち，資本性の財源）を減少させてこれを行うことは，従来と同様に制度上認められている。

ここで**欠損の額**とは，零又は零から分配可能額を減じて得た額のうちいずれか（絶対額で）大きい額のことである（計規179）。つまり，マイナスの分配可能額（絶対値）のことである。

2 資本金の増減のケース

(1) 概　　要

会社法上，資本金が増減するケースは限定されており，それには次のようなものがある（計規48）。

❖　資本金の増減のケース

概　要		具　体　例
資本金の増減	増加	① 募集株式の発行時 ② 吸収型再編時 ③ 資本準備金の資本金への組入時＊1 ④ その他資本剰余金の資本金への組入時＊1
	減少	① 減資時＊1＊2（その他資本剰余金へ） ② 資本金の資本準備金への組入時＊1

＊1　資本の部の計数の変動に該当する。
＊2　欠損填補のためのものも含む。

このように，通常の場合において資本金を増加させる手段には，①募集株式の発行，②資本準備金の資本金組入れ，③その他資本剰余金の資本金組入れなどがある。

他方，資本金が減少するケースとして，減資（による資本金減少差益：その他資本剰余金)，資本金の資本準備金への組入れ及び欠損填補のための資本金の充当がある。

これらの資本金の増減するケースのうち，以下では，吸収型再編（☞第5編「組織再編」を参照されたい）を除いたものについてみていくこととする。

■ 第4章　資本の部の計数の変動

COFFEE BREAK

● 資本金規定

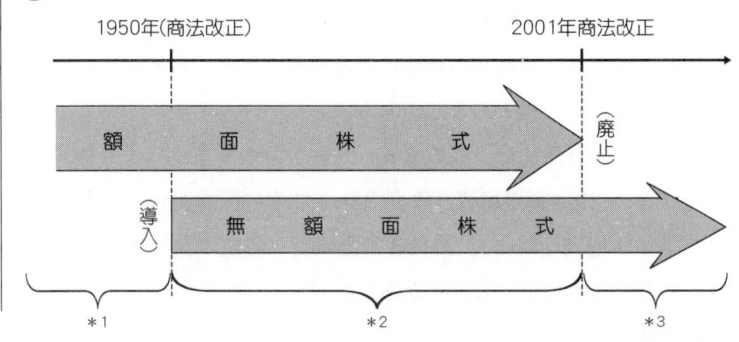

```
            1950年(商法改正)              2001年商法改正
─────────────┬──────────────────────────┬─────────────→
             │                          │
             │    額　面　株　式        │(廃止)
             │                          │
         (導入)    無　額　面　株　式
    ＊1            ＊2                   ＊3
```

＊1　1950年商法改正までは，額面株式のみの制度であり，資本金＝額面×発行済株式総数であった。商法や税法では，一般に，額面を超える株式 premium（額面超過額）は，会社の利益ないし所得とされた。
プレミアム

＊2　1950年商法改正によって，無額面株式制度，資本準備金制度や授権資本制度が導入された。これに伴って，株式と資本金との関係が切断された。そして，株式プレミアムは資本準備金とされ，資本ないし非所得とされた。

　　なお，当初は，額面株式の時価発行については，その額面額のみ資本金に組み入れ，残りは資本準備金とすることが認められていた。そして81年商法改正では，資本準備金への組入れは発行価額の2分の1を超えない額に限定されるようになった。

＊3　2001年商法改正によって，額面株式制度が廃止され，無額面株式制度のみとなった。また，設立時の株式の最低発行価額（5万円）の規制も廃止され，発行価額を自由に設定できるようになった。

　　なお，自己株式については，2005年度成立の会社法では，従来の商法が資産説を採用していたのに対して，資本減少（控除）説を採用している。

(2) 増資・減資の種類
① 増資の種類

増資（capital increase：資本金を増加させること）には，**実質的増資**（純資産の増加を伴う増資のこと）と**形式的増資**（純資産の構成要素の変動のみで，純資産の増加を伴わない増資のこと）がある。

前者には，例えば，新株式の発行による増資などが，後者には，例えば，資本準備金の資本金への組入れなどがある。

そして，増資の方法には，**公募増資**（一般大衆から募集により株式発行を行う増資のこと），**株主割当増資**（既存の株主にその保有割合に応じて，新株式の割当てをする増資のこと），**第三者割当増資**（特定の第三者に対して募集により株式発行を行う増資のこと）がある。

② 減資の種類

減資（capital decrease：資本金を減少させること）には，法形式的には**形式的減資**（純資産の構成要素の変動のみで，純資産の減少を伴わない減資のこと）があるが，経済的な実態としては**実質的減資**（純資産の減少つまり財産の払戻しを伴う減資のこと）もある。

前者には，例えば，資本金の減少による欠損填補などがあり，後者には，例えば，減資と剰余金の配当の組合せという形で，株主に対して持分比率に応じて資本金を減少させ，財産を払戻すものなどがある。

❖ 増資・減資の種類

	種　類	具　体　例
(1)増資	① 実質的増資	新株式の発行による増資など
	② 形式的増資	資本準備金の資本金組入れなど
(2)減資	① 形式的減資	資本金の減少による欠損填補など
	② （実質的減資）＊	（資本金の減少と財産の払戻しなど）

＊　法形式的には，減資＋剰余金の配当

第4章　資本の部の計数の変動

(3) 募集株式の発行等

① 概　説

募集などに伴う**株式の交付**（すなわち株式の発行と自己株式の処分）については，①設立時及び②会社の成立後の2つが考えられる。そして，設立時の株式の交付（発行）については，「設立時の資本金等」（☞第3章4）のところで既に説明しているので，ここでは，会社の成立後のものについてみていくこととする。

※　募集などに伴う株式の交付

摘　　要		(1) 設 立 時	(2) 成 立 後
株式の交付	① 株式の発行	○	○
	② 自己株式の処分	－＊	○

＊　設立時にはまだ自己株式はないので。

② 株式の交付の意義

会社の成立後に行う**株式の交付**とは，次に示すような会社の成立後において行うⓐ**株式の発行**及びⓑ**自己株式の処分**のことである（計規36）。

このように，会社法上，新株式の発行と自己株式の処分を実質的に同じものと考えており，通常の株式の募集については，募集の手続き（法199条以下の規定）に従って行われる。

※　株式の交付

摘　　要	内　　　　　容	
株式の交付	① 株式の発行 ② 自己株式の処分	（会社法上） 実質的に同じ

なお，会社法上，株式の発行や自己株式の処分を含めて，引受けを募集する株式という意味で，**募集株式**という呼び方をしている。また，会社法上の募集には公募のみならず，第三者割当てを含む概念となっている。

③ 株式の交付の具体例

会社の成立後に行う株式の交付には，次のようなものがある。

第2編　純資産会計

❖　会社成立後に行う株式の交付

摘　要		具　体　例
会社成立後における株式の交付	(成立後における株式の発行又は自己株式の処分)	① 株式の募集 ② 取得請求権付株式の取得 ③ 取得条項付株式の取得 ④ 全部取得条項付種類株式の取得 ⑤ 株式無償割当て ⑥ 新株予約権の行使 ⑦ 取得条項付新株予約権＊の取得 ⑧ 単元未満株式の売渡請求 ⑨ 自己株式の取得により生じる義務を履行する株主に対してその株主から取得した株式に相当する株式の交付 ⑩ 吸収合併後のその会社の存続 ⑪ 吸収分割により，他の会社がその事業について有する権利義務の全部又は一部の承継 ⑫ 吸収分割により，吸収分割会社が自己株式の吸収分割承継会社に承継 ⑬ 株式交換により，他の会社の発行済株式の全部取得　など

＊　**取得条項付新株予約権**とは，一定の事由が生じたときに，発行会社が自社の発行した新株予約権を取得することができる新株予約権のことであり，これを利用して敵対的な企業買収（M＆A）の防衛（いわゆるライツプラン：平時に株主に新株予約権を与えておき，敵対的な買収者が現われたときに，買収者以外の株主に株式を発行して，買収者の持ち株比率を著しく減少させるもの）などが行える。

④　募集時の資本金等増加限度額

　ここでは，会社成立後の株式募集時の**資本金等増加限度額**（株主となる者が会社に対して払込み又は給付した財産額で，資本金又は資本準備金が増加する限度額のこと）について，㋑新株発行のみが行われる**一般的なケース**と㋺**複雑なケース**（新株発行と自己株式の処分の双方が行われる**抱合募集**）に分けてみていくことにする。

⑤　一般的な（新株発行のみの）ケース

　まずここでは，会社成立後の募集株式についての資本金等増加限度額についての一般的なケース，すなわち，①（自己株式の処分がなく）新株の発行のみであり，かつ②払込額が（マイナスではなく）プラスの場合について見ていくことにする。

第4章 資本の部の計数の変動

このケースでは,次のように基本的には設立時の株式の発行と同様に考えればよい。

イ 申込証拠金受取時

(借) 別 段 預 金　×××　(貸) 新株式申込証拠金　×××*1

ロ 払込期日

(借) 新株式申込証拠金　×××　(貸) 資 本 金　×××*2
　　　　　　　　　　　　　　　　 (株式払込剰余金　×××)*3
　　(当 座 預 金)　×××　　　　 別 段 預 金　×××*4

* 1　新株式の申込証拠金を別段預金とする。
* 2　払込期日に申込証拠金を原則として全額資本金に振り替える。
* 3　例外として,資本金に一部を組み入れないケースであり,資本準備金勘定でもよい。
* 4　別段預金から当座預金などへ振り替える。

ハ 例題

――〔設　例〕　一般的な新株による募集株式の発行――

① 甲社は,新株式の募集を行い,新株式100株(払込価額@¥1,000)を発行し,全額引受けを得て,別段預金に入金した。

② 上記①についての払込期日が到来し,全額資本金とするとともに,当座預金に振り替えた。

〔解　答〕

① 発行・申込時

(借) 別 段 預 金　100,000*1　(貸) 新株式申込証拠金　100,000

② 払込期日

(借) 新株式申込証拠金　100,000　(貸) 資 本 金　100,000
　　 当 座 預 金　100,000　　　　　　別 段 預 金　100,000

* 100,000＝100株×@¥1,000

■ 第2編 純資産会計

㈡ 例　題

──〔設　例〕すべて自己株式の処分によるケース──
　甲社は，株式の募集を行い，自己株式（取得原価¥800）を募集（払込）価額¥1,000で処分し，全額預金（現金預金勘定で処理）に払込みを受けた。

〔解　答〕

　　（借）現　金　預　金　　1,000　　（貸）自　己　株　式　　　800
　　　　　　　　　　　　　　　　　　　　　　自己株式処分差益　　200*

　＊　その他資本剰余金勘定でもよい。
　　　200＝1,000－800

⑥　複雑な（抱合募集の）ケース

　㋐　資本金等増加限度額

　次に，ここではやや複雑な抱合募集における資本金等増加限度額についてみていくことにする。

　この場合の資本金等増加限度額は，次の⑴の**払込額**から⑵の**募集費用の資本控除額を控除**した額に株式発行割合〔すなわち，ここでは新株発行と自己株式の処分の**抱合募集**を想定しているので，その募集に際して発行した株式の数を，その募集に際して@（資本金等の増加する）発行した株式の数とⓑ（資本金等の増加しない）処分した自己株式の数の合計額で除した割合のこと〕を乗じた額から⑶の**自己株式処分差損額を控除した金額**（零未満のときは零）である（計規37）。

　このように⑶で自己株式処分差損を資本控除するのは，その他資本剰余金やその他利益剰余金を減少させてまで資本金等を増加させるのは適切でないと考えるためである。

第4章　資本の部の計数の変動

〔募集株式の発行等における資本金等増加限度額の算式〕

> 募集時の資本金等増加限度額＝{(1)−(2)}[*1]×株式発行割合[*2]−(3)[*3]

(1) 次の①から③の合計額（払込額）
　① 募集株式の引受人からの**払込金銭額**[*4]
　② 募集株式の引受人からの金銭以外の財産額（**現物出資財産額**）[*5]
　③ 募集株式の引受人からの払込み又は給付財産の直前の帳簿価額（**組織再編時の出資財産簿価**）[*6]

(2) 募集費用のうち資本金等増加限度額から控除すべきと定めた額{**募集費用(株式交付費)の資本控除額**}[*1]

(3) 次の①から②を控除した金額が零以上のとき（帳簿価額≧対価額，つまり**自己株式処分差損**が生じているとき）は，その金額
　① 募集時に処分する**自己株式の帳簿価額**
　② {上記(1)−(2)}[*7]×自己株式処分割合（**処分自己株式対価額**）[*8]

* 1 (2)募集費用（株式交付費）の資本控除額は，会計慣行上，当分の間認められず，零となっている。それゆえ，これは考慮しなくてもよい。

* 2 $$株式発行割合＝\frac{発行株式数}{発行株式数＋処分自己株式数}×100(\%)$$

　　なお，抱合募集でなく，通常の新しい株式の発行のみの場合（通常の場合）には，これは1となるので，これは考慮しなくてもよい。

* 3 (3)自己株式処分差損は，抱合募集でなく，通常の新しい株式の発行のみの場合には，これが生じないので，これは考慮しなくてよい。
　　また，自己株式処分差損ではなく，自己株式処分益が生じているときには，加算しないので，零とする（無視する）ことに注意する。

* 4 この金銭出資のみのケースがほとんどである。（∴通常のケース）

* 5 現物出資のケース（まれ）

* 6 共通支配下関係にある会社間における出資などのケース（まれ）

* 7 零未満のときは零

* 8 1から株式発行割合を控除して得た割合（1−株式発行割合）のこと。
　　なお，②の式全体で処分した自己株式の対価額を示している。

■ 第2編　純資産会計

㋩　その他資本剰余金の額

募集株式の発行等におけるその他資本剰余金の額は，ⓐ新株発行のみの場合には零であるが，ⓑ抱合募集により自己株式処分損益が生じる場合には，次のようにそれが増減する。

〔募集株式の発行等におけるその他資本剰余金の額〕

---

(1) 新株発行のみのケース：零

- -

(2) 抱合募集により自己株式処分差損益が生じるケース

> その他資本剰余金の額＝{(1)*1－(2)*2}×自己株式処分割合
> 　　　　　　　　　　－自己株式の帳簿価額

＊1　前述㋺の(1)と同じ
＊2　前述㋺の(2)と同じ（当面の間，零）

① 　正の値のケース

これは，自己株式処分差益であり，その他資本剰余金の額を増加させる。

② 　負の値のケース

これは，自己株式処分差損であり，前述のように，資本金等増加限度額から控除する。ただし，控除しきれない超過額は，マイナスのその他資本剰余金とする（すなわち，その他資本剰余金から控除する）。

以上の内容を整理しなおすと，次のようになる。

❖ その他資本剰余金の額

摘　　　要	処　　　理		
(1) 新株発行（通常のケース）のみ	（その他資本剰余金）零		
(2) 抱合募集：自己株式処分差損益の生じるケース	① 差益		その他資本剰余金の増額
	② 差損	原則	資本金等増加限度額から控除
		例外	（控除しきれない超過額）その他資本剰余金の減額

第4章 資本の部の計数の変動

㈥ その他利益剰余金の額

募集株式の発行等におけるその他利益剰余金の額は通常零であるが，払込金額等がマイナスとなる場合には，次のとおりである。

〔募集株式の発行等におけるその他利益剰余金の額〕

(1) 通常のケース：零

(2) 払込金額等がマイナスとなるケース

その他利益剰余金の額＝{(1)*1－(2)*2} *3×株式発行割合

* 1　前述㊃の(1)と同じ
* 2　前述㊃の(2)と同じ（当面の間：零）
* 3　払込金額等がマイナスの場合に限る。

以上の関係を整理しなおすと，次のとおりである。

❖ その他利益剰余金の額

摘　　要			処　　理			
(1) 新株発行のみ	①	原則	払込価額等がマイナス	No	その他利益剰余金	零
	②	例外		Yes		マイナス
(2) 抱合募集	①	原則	新株発行の払込価額等がマイナス	No	その他利益剰余金	零
	②	例外		Yes		マイナス

㈢ 募集株式の発行等における資本金等増加限度額などのまとめ

以上のように，募集などに伴う株式の交付についての株主資本の増減関係をまとめると，次のとおりである。

❖ まとめ：募集株式の発行等における株主資本の額

摘要		新株発行のみ		抱合募集（新株発行と自己株式の処分）
		① 通常額	② 例外額	
① 資本金等増加限度額		{(1)-(2)}＊1 (1) 払込額 　① 払込金銭額（通常これのみ） 　② 現物出資財産額（まれ） 　③ 共通支配下関係などの払込額＊2（まれ） (2) 募集費用の資本控除額（当分の間、零）	零	{(1)-(2)}×株式発行割合－(3) (1), (2)：同左 (3) 自己株式処分損
② その他資本剰余金		零	零	{(1)-(2)}×自己株式処分割合－自己株式の帳簿価額 ・ケース①：正の値→その他資本剰余金の増額 ・ケース②：負の値（原則）資本金等増加限度額の減額＊3
③ その他利益剰余金		{(1)-(2)}＊4 ↑マイナスのその他利益剰余金	零	{(1)-(2)}＊4×株式発行割合 ↑マイナスのその他利益剰余金

* 1 払込価額の2分の1以下の金額を資本金としないこと（すなわち資本準備金の設立が可能）ができる。
* 2 払込価額がマイナスのときは、設立時から零資本金での設立が可能となる。
* 3 控除しきれない超過額は、その他資本剰余金を減額する。
* 4 払込価額等がマイナスの場合に限る。

㋖ 例　題

――〔設　例〕　募集株式の発行時の資本金等増加限度額――
　甲社は，株式の募集に際して，新株式100株，自己株式25株（ともに1株当たり払込額＠￥10,000）を発行・処分し，全額預金（現金預金勘定）に入金した。
① 資本から控除すべき募集費用　　0
② 処分した自己株式の帳簿価額（＠￥13,000×25株）￥325,000
③ 新株発行部分の2分の1を資本金に組み入れる。
　上記資料に基づいて，(1)①払込額，②資本控除の募集費用，③株式発行割合，④自己株式処分差損，⑤資本金等増加限度額の金額を求め，(2)仕訳を行いなさい。

〔解　答〕
(1) ①払込額￥1,250,000*1，②資本控除の募集費用　0*2，③株式発行割合0.8*3，④自己株式処分差損￥75,000*4，⑤資本金等増加限度額￥925,000*5
(2) （借）現　金　預　金　1,250,000　　（貸）資　本　金　　462,500*6
　　　　　　　　　　　　　　　　　　　　　　株式払込剰余金　462,500*7
　　　　　　　　　　　　　　　　　　　　　　自　己　株　式　325,000

*1　1,250,000＝(100＋25)×10,000
*2　問題文より
*3　0.8＝100÷(100＋25)
*4　75,000＝325,000－{1,250,000×25÷(100＋25)}
*5　925,000＝1,250,000×0.8－75,000
*6　462,500＝925,000×0.5
*7　資本準備金でもよい。

(4)　資本準備金の取崩しと資本金への組入れ
① 内　　容
　従来の商法では，法定準備金の減少について，資本の4分の1を超える部分についてのみ減少させることが認められ，それ以下の部分については減少させ

ることができなかった。

他方，会社法では，会社は次の事項を定め，株主総会の決議によって，いつでも資本準備金の全額を減少すること（準備金減少ないし減準備金）ができる（法447，448）ようになっている（準備金に関する資本金の4分の1維持制度の廃止ないし100％準備金減少制度の導入）。

―――〔準備金減少時の決議事項〕―――
- ㋑ 準備金の減少額
- ㋺ 準備金の減少額の一部又は全部を資本金とするときは，その旨とその金額
- ㋩ 効力発生日

なお，上記㋑の金額は，㋩の日における準備金の額を超えてはならない。すなわち，準備金の全額を取り崩すことができるが，マイナスにすることはできない。

② 準備金減少の相手先

会社法上，資本準備金を減少させて，それを配当不能な資本金に組み入れるか，又はそれを配当可能なその他資本剰余金とすることができる。

このように資本準備金の減少は，それを資本金とした金額を除き，その他資本剰余金となる。

❖ 資本準備金の減少の取扱い

摘　要	相　手　先	配当可能性	所　属
資本準備金の減少	① 資　本　金	配当不能	資　本　金
	② 資本金及び資本準備金減少差益	配当可能	その他資本剰余金

③ 準備金減少に伴う払戻しの考え方

準備金減少に伴う払戻しについて，新しい会社法では，資本金の減少に伴う払戻しと同様に，これについても準備金の減少が必ずしも株主への払戻しを伴うものではないので，切断思考に基づき準備金の減少手続きと剰余金の配当手

続きとに分離して概念整理している。

───〔会社法上の準備金の減少に伴う払戻しの考え方〕───
準備金の減少に伴う払戻し＝準備金の減少＋剰余金の配当
　　　　　　　　　　　　　　　　　　切断思考

④ 決議要件

　この資本準備金の資本金組入れは，株主にとって資本金の減少には債権者保護手続きを要するという意味で，準備金より資本金の方が**不利**となるので，**株主総会の決議**を必要としている。

　ただし，準備金減少額を欠損填補のみに使用する場合には，取締役（会）の決議でこれを行うことができる（法459）。

⑤ 債権者の異議申立て

　資本金や準備金の減少は，それだけ債権者の担保となる会社財産の維持すべき部分が減少することになるので，債権者保護の観点から，債権者はこれに対して異議を述べることができることとなっている。

⑥ 例題

───〔設　例〕　資本準備金の取崩し───
　X社は，株主総会で合併差益￥2,000を取り崩し，半分を資本金へ組み入れることを決定した。

〔解　答〕

　（借）合　併　差　益　　2,000　　（貸）資　本　金　　　　1,000*
　　　　　　　　　　　　　　　　　　　　資本金及び資本
　　　　　　　　　　　　　　　　　　　　準備金減少差益　　1,000*

　＊　1,000＝2,000×0.5

(5) その他資本剰余金の資本金組入れ（資本金の増加）

① 内　容

　会社は次の事項を定め，株主総会の普通決議によって，債権者保護手続きな

しに，その他資本剰余金（に限り，その他利益剰余金はできない）を減少させて，資本金を増加させること（すなわち**剰余金の資本金組入れ**）ができる（法450）。

───〔剰余金の資本金組入時の決議事項〕───
　㋑　剰余金の減少額
　㋺　資本金の増加の効力発生時

　なお，上記㋑の金額は，㋺の日における（その他資本）剰余金の額を超えることはできない。また，その他利益剰余金を資本金へ組み入れることは，資本と利益の区別の原則の考え方に基づきできないこととなっている。

② 決議要件等

　剰余金の資本金組入れは，株主へ分配可能なその他資本剰余金から分配不能な資本金への変更で，株主の観点からは，株主への分配可能額が減少するという**不利な影響**を及ぼすので，**株主総会の決議**が必要となる。他方，債権者の観点からは，その分会社財産が確保されるという**有利な影響**を及ぼすので，**債権者保護手続きは不要**であるということになる。

③ 減少可能額

　剰余金の資本金組入れをする場合の剰余金減少の限度額は，その効力発生日におけるすべてのその他資本剰余金の金額である。すなわち，この手続きによってその他資本剰余金を零とすることが可能である。

④ 例　　題

───〔設　例〕剰余金の資本金組入れ───
　甲社は，株主総会の決議によって，自己株式処分差益（その他資本剰余金）¥5,000を資本金に組み入れた。

〔解　答〕

　　（借）自己株式処分差益　　5,000　　（貸）資　本　金　　5,000

❖ 剰余金の資本金組入れ

摘要	内容
① 対　　　象	その他資本剰余金，資本金
② 内　　　容	その他資本剰余金の資本金への組入れ
③ 決　　　議	株主総会の決議
④ 債権者保護手続き	不要
⑤ 決 議 内 容	①　その他資本剰余金の減少額 ②　資本金増加の効力発生日
⑥ 限 度 額	効力発生日におけるその他資本剰余金の全額（マイナスにすることは不可能）

(6) 株式の交付で資本金等が増加しないケース

① 概　　要

次のような場合には，株式の発行等（交付）によっても，資本金等が増加せず，**資本金等増加限度額は零**である。

〔株式の交付で資本金等が増加しないケース〕

> ①　取得請求権付株式の取得
> ②　取得条項付株式の取得
> ③　全部取得条項付種類株式の取得
> ④　株式無償割当て
> ⑤　単元未満株式の売渡請求時　など

ここに，**取得請求権付株式**とは，会社がその発行する全部又は一部の株式の内容として，**株主がその会社に対してその株式の取得を請求できる**旨の定めを設けている場合におけるその株式のことである（法2）。簡単にいえば，株主が会社に対してその株式の取得を請求できる権利のついた株式のことである。

他方，**取得条項付株式**とは，会社がその発行する全部又は一部の株式の内容として，（一定の事由が生じたことを条件として）**その会社がその株主に対し**

■ 第2編　純資産会計

てその株式の取得をすることができる旨の定めを設けている場合におけるその株式のことである(法2)。簡単にいえば，会社が株主に対してその株式の取得を請求できる権利を持っている株式のことである。

❖　取得請求権付株式と取得条項付株式

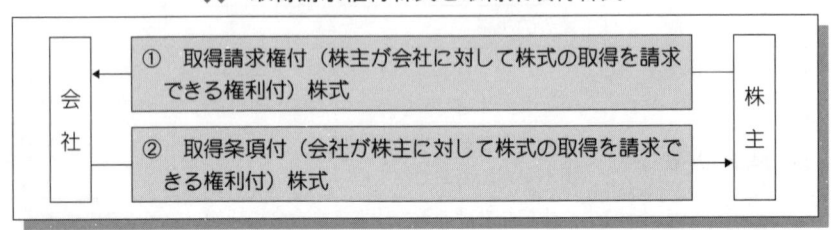

会社 → ① 取得請求権付（株主が会社に対して株式の取得を請求できる権利付）株式 → 株主

会社 → ② 取得条項付（会社が株主に対して株式の取得を請求できる権利付）株式 → 株主

COFFEE BREAK

● 種類株式

　会社法上，種類株式には，例えば，次のようなものがある（法108）。①剰余金の配当に関する種類株式，②残余財産の分配に関する種類株式，③議決権制限株式，④譲渡制限株式，⑤取得請求権付株式，⑥取得条項付株式，⑦全部取得条項付株式，⑧拒否権付株式，⑨取締役・監査役選任権付株式など

　また，**全部取得条項付種類株式**とは，その種類の株式について，その会社の株主総会の決議によって，会社がその全部を取得することができるという定めのある種類株式のことである（法108，171）。簡単にいえば，その会社が株主に対して，その全部の株式の取得を請求できる権利を持っている種類株式のことである。

　そして，**株式無償割当て**とは，会社がその株主に対して，新たな払込みをさせないで，その会社の株式を割り当てることである（法185）。

さらに，**単元未満株式**とは，一単元に満たない株式のことであり，**単元株式数**とは，会社がその発行する株式について，一定の数の株式をもって，株主が株主総会において１個の議決権を行使することができる１単元の株式とする場合におけるその一定の数のことである。

COFFEE BREAK

● 単元株・端株制度

　従来の商法では，新株の割当てや株式の分割などによって生じる１株未満の（端数の）株式である**端株（制度）**と，会社が一定の株式数を１単元とし，これについて議決権を認める**単元株（制度）**が併存していた。

　他方，新しい会社法では端株制度が廃止され，単元株制度に整理・統合されている（法188）。

　なお，単元未満株については，株主提案権や株主総会招集請求権などの議決権関連の権利は認められないが，配当請求権や残余財産分配請求権などの自益権及び取締役の違法行為差止請求権などの共益権は認められている。

---

② 取得請求権付株式の取得等
　㋐ 取　扱　い
　ⓐ取得請求権付株式の取得，ⓑ取得条項付株式の取得及びⓒ全部取得条項付種類株式の取得に際して，㋑新株を発行した場合には，資本金等増加限度額は零とし，また，㋺自社の株式を処分した場合，その自己株式対価額は，各々の場合において処分する自己株式の帳簿価額である。

　すなわち，これらの場合には，ある種の株式を取得し，その対価として別の

株式の交付を行うものであり，両者は**等価交換を前提**とすれば，ただ単に**株式の種類が変更されただけ**で，その実質には影響はないものと考えられる。それゆえ，これらの取引によって資本金等増加額は零とされる。

❖ 株式取得に伴う株式の交付

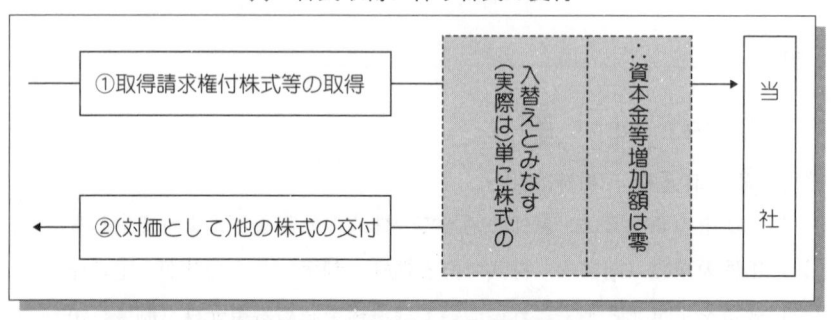

```
───┌①取得請求権付株式等の取得┐──→┐入替えとみなす│∴資本金等│→当
                                   │(実際は)単に│増加額は零│  
                                   │株式の     │         │  社
←──┌②(対価として)他の株式の交付┐──┘          │         │
```

以上の関係を，株式取得の対価の観点から①新株発行の場合と②自己株式処分の場合とに分けて整理しなおすと，次のとおりである。

❖ 株式取得に伴う株式の交付

摘　　　　要			取　　扱　　い	
株式取得の対価	① 新株発行のケース	単なる株式の入替え	(通常の新株発行では資本金等が増加するが，このケースでは)資本金等は増加しない	資本金等増加限度額　零
	② 自己株式処分のケース		(交付した)自己株式の対価額は(処分)自己株式の帳簿価額	

㋹ 例　題

──〔設 例〕 取得と引換えの自己株式の交付──────────

甲社は，取得条項付株式の取得と引換えに，自己株式：普通株式(帳簿価額￥1,000)を処分(・交付)した。

〔解　答〕

　　(借)自　己　株　式　　1,000　　(貸)自　己　株　式　　1,000
　　　　(取得条項付株式)　　　　　　　　(普　通　株　式)

③ 株式無償割当て

㋑ 取扱い

会社が，株式の無償割当てに伴って株式の交付を行う場合には，**資本金等増加限度額は零**である（計規39）。

すなわち，ⓐ**新株の発行**を行う場合には無償なので，その対価の流入がなく，**資本金等は増加**しない。また，ⓑ**自己株式の処分**を行う場合にも，その対価の流入がないので，（資本金等が増加しないのは，当然として）**自己株式対価額は零**とする。それゆえ，株式無償割当後の**その他資本剰余金**の額は，その直前の額からそれに伴って処分する自己株式の帳簿価額を控除した額となる。

以上の関係を整理しなおすと，次のとおりである。

❖ 株式無償割当てに伴う株式の交付

摘要		取扱い	資本金等増加限度額
株式無償交付	① 新株発行のケース	対価の流入がない	資本金等は増加しない	零
	② 自己株式処分のケース		・（処分）自己株式対価額は零 ・その他資本剰余金から（処分）自己株式簿価を控除する	

㋺ 例題

――〔設例〕 株式無償割当て――――――――――
　甲社は，株主に対して，株式の無償割当てをし，自己株式（帳簿価額￥1,000）を処分して交付した。
―――――――――――――――――――――――

〔解答〕

　　（借）自己株式処分損　　1,000＊　（貸）自　己　株　式　　1,000
　＊　その他資本剰余金勘定でもよい。

COFFEE BREAK

● 株式分割と株式の無償割当て

　株主の数を多くしたり，株式の流通性を高めるなどの目的で**株式分割**（share split-up：例えば1株を10株というように，発行済株式を一定の割合で細分することによって，株主の有する株式の数が分割割合に応じて増加すること）が行われる。

　これによって，払込みが行われず，株主の所有割合も変化しないので，特別な会計処理は行わない。

　これに似たものとして，株式の無償割当てがある。そして両者の関係は，次のとおりである。

※ 株式分割と株式の無償割当ての類異点

摘　要		株 式 分 割	株式の無償割当て
(1)類似点	① 株　式	ともに株式を使用すること	
	② 払込資本	ともに払込資本が増加しないこと	
	③ 取　引	ともに資本取引であること	
(2)相違点	① 株式の種類	同じ株式のみ	同じ株式又は他の種類の株式
	② 自己株式への割当て	自己株式にも割り当てられ，自己株式の数が増加する。	自己株式には割り当てられない（法18②）。
	③ 自己株式の処分時*	会計処理が不要	会計処理が必要

　＊　それぞれの目的のために自己株式を処分したとき

(7) 減資と資本金の準備金組入れ

① 100％減資制度の導入

従来の商法では，資本金の減少について，**最低資本金制度**が存在していたので，最低資本金の金額を維持する形でしか，その減少を行えなかった。

他方，会社法ではこの制度の廃止に伴って，減少できる資本金の額についての制限がなくなった。すなわち，**資本金の減少額についての上限規制が廃止され，100％減資制度が導入された**。この結果，資本金の全額が取崩可能となるとともに，会社の存続のためには，資本金は零でもよくなっている。

② 内　　容

会社は次の事項を定め，株主総会の特別決議によって，いつでも**資本金の減少（すなわち減資）**ないし**資本金の資本準備金への組入れ**をすることができる（法447，計規49）。

―〔資本金減少時の決議事項〕―
- ㋑　減少する資本金の額
- ㋺　減少する資本金の全部又は一部を準備金とする場合には，その旨とその額
- ㋩　効力発生日

なお，上記㋑の金額は，㋩の日における資本金の額を超えることはできない。このことは，資本金が零となってもよく，またあくまでも効力発生日の資本金の額を基礎とすることを意味する。

また，準備金への組入れの対象となるのは，資本と利益の区別の原則により資本準備金のみであり，利益準備金への組入れはできない。

そして，従来の商法においては**減資**に際して，**払戻し，株式の消却，欠損填補のためなどの目的**が決議事項とされていたが，会社法では，これらは決議事項でなくなっている。

③ 資本金減少の相手先

前述のように，会社法では従来の商法では認められなかった資本金の資本準

備金への組入れも認められるようになっている。この結果，資本金の減少の相手先としては，新たに認められたように，分配不能な資本準備金とするか，または，従来のように，分配可能なその他資本剰余金としての資本金及び資本準備金減少差益とするという2つの処理が可能となっている。

このように，資本金の減少は，それを資本準備金とした金額を除き，その他資本剰余金となる。

※ 資本金の減少の取扱い

摘　　要	相　手　先	分配可能性	所　　属
資本金の減少	① 資本準備金	分配不能	資本準備金
	② 資本金及び資本準備金減少差益	分配可能	その他資本剰余金

④ 例　　題

―〔設 例〕減　　資――――――――――――――
　甲社は，株主総会の決議によって資本金¥1,000を減少し，¥200を資本準備金，¥800をその他資本剰余金とした。
――――――――――――――――――――――――

〔解　答〕

　　（借）資　本　金　　1,000　　（貸）資　本　準　備　金　　　200
　　　　　　　　　　　　　　　　　　　その他資本剰余金*　　　　800

　＊　資本金及び資本準備金減少差益

⑤ 資本の減少可能額

①で説明したとおり，会社法では，100％減資が可能である。

⑥ 活　用　例

100％減資の活用例としては，例えば，債務超過の会社の再建を行う（再生・更生手続きの）場合などがある。

そして，この場合の100％減資（無償での強制消却）の手続きは，会社法上，実務的には全部取得条項付種類株式を用いて行う。つまり，同一の株主総会の

特別決議によって，定款で2種類の種類株式を発行するものとし，そのうちの1つを全部取得条項付種類株式とする。次に，その条項の付いたすべての株式を会社が**強制取得**（従来の強制消却）することによって，100％減資をする。その後別の全部取得条項でない普通株式を発行する。すなわち，**100％減資**は，手続上基本的に，**減資＋自己株式の無償取得＋消却**という形をとって行われる。

⑦　減資と財産の払戻しとの分離

　従来の商法では，**連続思考**に基づく**有償減資**（純資産の減少を伴う資本金の減少）という概念が存在した。

　他方，会社法では，これに代えて，**切断思考**に基づき資本の部の計数の変動手続きと剰余金の配当手続きとを分離し，資本の減少という**減資行為**と利益配当や自己株式の取得などの剰余金の配当等という**財産の払戻し行為とを分離**して考えている。

❖　会社法上の減資と財産の払戻しの関係

| 減　資 | ← 切　断 → | 財産の払戻し（剰余金の配当等） |

　すなわち，新会社法では，切断思考に基づき資本金などの減少が必ずしも株主への財産の払戻しを伴うものではない，というように考えている。

　つまり，**従来の有償減資**は，今日では**減資＋剰余金の配当等**と整理されている。それゆえ，従来の有償減資と実質的に同じことをするのに，次のように減資の決議と配当（財産の払戻し）の決議の2つが必要となる。

❖　会社法での有償での減資手続き

摘　　　要		手　続　き
有償での減資手続き	① 第1段階	減資の手続き（➡資本金の減少と剰余金の増加）
	② 第2段階	配当の手続き（➡剰余金と資産の減少）

　なお，減資による剰余金の配当を行う方法には，次の2つのものがある。

■ 第2編　純資産会計

　㋑　同　時　法

これは，減資と同時に剰余金の配当を行う方法である。

　㋺　異　時　法

これは，減資だけを最初にやっておいて，その後の株主総会で配当を行う方法である。

❈　減資による剰余金の配当方法

方　　法	内　　　　容
① 同　時　法	減資と剰余金の配当を同時に行う方法
② 異　時　法	まず減資をし，後の株主総会で剰余金の配当を行う方法

⑧　例　　題

―〔設　例〕　有償での減資―――――――――――――――

　甲社は，株主総会で資本金¥3,000を減少し，同時にその全額を株主に払戻すことを決議し，現金を支払った。なお，これらに伴う準備金の積立ては不要なものとする。

〔解　答〕

	（借）資　本　金	3,000	（貸）資本金及び 資本準備金減少差益	3,000
	資本金及び 資本準備金減少差益	3,000	現　　　　金	3,000

⑨　（減資による）欠損填補

　㋑　内　　容

従来の商法では，減資による欠損填補（資本金を減少させて欠損金の填補に充てるもの）が行えた。

他方，会社法でも，減資による欠損填補が行える（法447）。

㊃ 例　題

─〔設　例〕　減資による欠損填補─
　X社は，当期純損失△¥1,000を計上し，同額の欠損となったので，株主総会で同額の資本金を減少し，同時にその金額の欠損填補を行うことを決議した。

〔解　答〕

　　（借）資　本　金　　1,000　　（貸）その他利益剰余金*　1,000
　　　　　　　　　　　　　　　　　　　（繰越利益剰余金）

　　＊　純資産会計基準では，「その他利益剰余金又は繰越利益剰余金の金額が負となる場合には，マイナス残高として表示する」(35)としている。

⑩　資本金の減少するケース

　資本金が減少するのは，会社法（法447）の規定により①減資又は②資本金の（資本）準備金への組入れなどとして，正式な手続きにより資本金の額を減少させた場合のみであり（計規48①），それ以外の新株発行無効の訴えが確定した場合などには，資本金は減少しない（計規48②）。

※　資本金の減少

摘　要		具　体　例
資本金の減少	(1) する	①　減資時 ②　資本金の資本準備金組入時　など
	(2) しない	①　新株発行無効の訴えの判決確定時 ②　自己株式処分無効の訴えの判決確定時 ③　吸収合併等無効の訴えの判決確定時 ④　募集株式等発行の意思表示の取消時　など

⑪　資本金の減少手続き

　資本金の減少手続きをまとめれば，次のとおりである。

❖ 資本金の減少手続き

摘　要	内　　　　容
(1) 原　則	⑦ 株主総会での特別決議，かつ ⑥ 債権者保護手続き（法309②，447①，449）
(2) 例　外	① 定時株主総会での決議で，欠損填補のための資本金減少であり，その減少額が欠損金額以下のケース（法309②） 　⑦ 株主総会の普通決議，かつ 　⑥ 債権者保護手続き ② 資本金減少が株式発行と同時（同時の増減資の場合）で，効力発生日前の資本金額がその後の資本金額以下のケース（法447③） 　⑦ 取締役会での決議，かつ 　⑥ 債権者保護手続き

3　資本準備金の増減のケース

(1) 概　要

　会社法上，資本準備金が増減するケースは限定されており，次のようなものがある（計規45，49，51）。

❖ 資本準備金の増減のケース

摘要		具　体　例
資本準備金の増減	増加	① 株式の発行時 ② 吸収型再編時 ③ 資本金の資本準備金への組入時＊ ④ その他資本剰余金の配当時＊ ⑤ その他資本剰余金の資本準備金への組入時＊
	減少	① 資本準備金の資本金への組入時＊ ② 資本準備金の取崩時（その他資本剰余金へ）＊

　＊　資本の部の計数の変動に該当する。

■ 第4章 資本の部の計数の変動

以下では，既に説明をした株式の発行（☞第4章2⑶「募集株式の発行等」），資本金の資本準備金への組入れ（☞第4章2⑺「減資と資本金の準備金組入れ」）及び特殊な吸収型再編（☞第5編「組織再編」）及び後述するその他資本剰余金の配当（☞第3編「剰余金の配当等」）を除き，これらのものについて順に説明していくこととする。

⑵ その他資本剰余金の資本準備金組入れ
① 内　　容
従来の商法では，その他資本剰余金を資本準備金へ組み入れることは認められていなかった。

他方，会社法では，次の事項を定め，株主総会の普通決議によって，債権者保護手続きなしに，（マイナスにすることはできないが）制限なしにその他資本剰余金を減少させて，資本準備金を増加させること（つまり**その他資本剰余金の資本準備金への組入れないし剰余金の準備金への組入れ**）が可能である（法451）。

```
──〔その他資本剰余金の資本準備金組入時の決議事項〕──
  ㋑　剰余金の減少額
  ㋺　準備金の増加の効力発生日
```

なお，㋑の額は，㋺の日における剰余金の額を超えてはならない。つまり，**剰余金の減少可能額は，全額**（減少可能）であるが，マイナスにはできない。

② 決 議 要 件
この剰余金の準備金組入れは，株主にとっては配当可能なものから配当不能なものへの**不利な変更**なので，**株主総会の決議事項**となっている。他方，債権者にとっては，反対に**有利な変更**なので，**債権者保護手続きは不要**となっている。

■ 第2編　純資産会計

❖　剰余金の準備金組入れ

摘　要	内　容
① 対　象	その他資本剰余金の資本準備金への組入れ（その他資本剰余金の減少による資本準備金の増加）
② 決　議	株主総会の決議
③ 決議内容	㋐　剰余金の減少額 ㋑　準備金増加の効力発生日
④ 減少限度額	剰余金の全額（減少可能。ただし，マイナスは不可能）

③　例　題

〔設　例〕　その他資本剰余金の資本準備金組入れ

　甲社は，株主総会の決議によって，自己株式処分差益¥2,000を資本準備金に組み入れた。

〔解　答〕

　　（借）自己株式処分差益　　　2,000　　（貸）資本準備金　　2,000
　　　　　(その他資本剰余金)

(3)　資本準備金の減少

① 内　容

　資本準備金が減少するのは，会社法（法448）の規定によって，①資本準備金を減少させるか，②資本金への組入れなどとして，正式な手続きにより資本準備金の額を減少させる場合のみであり（計規49②），それ以外の新株発行無効の訴えが確定した場合などには，資本準備金は減少しない（計規48②準用）。

第4章　資本の部の計数の変動

❖　資本準備金の減少

摘　要		具　体　例
資本準備金の減少	(1) する	① 資本準備金の減少（その他資本剰余金へ）時 ② 資本準備金の資本金への組入時　など
	(2) しない	① 新株発行無効の訴えの判決確定時 ② 自己株式処分無効の訴えの判決確定時 ③ 吸収合併等無効の訴えの判決確定時 ④ 募集株式等発行の意思表示の取消時　など

② 準備金の減少手続き

　準備金の減少手続きをまとめれば，次のとおりである。なお，これは基本的には，前述の資本金の減少手続きと同様である。

❖　準備金の減少手続き

摘　要	内　容
(1) 原　則	㋐ 株主総会での決議，かつ ㋑ 債権者保護手続き
(2) 例　外	① 定時株主総会での決議で，欠損填補のための準備金減少であり，その減少額が欠損金額以下のケース ・定時株主総会での決議のみでOK ② 株式の発行と同時に行う場合（同時の増減準備金）で，効力発生日前の準備金額がその後の準備金額以下のケース ㋐ 取締役会での決議，かつ ㋑ 債権者保護手続き ③ 減少額全額の資本金組入れのケース ・株主総会での決議のみでOK

　なお，ここで，資本金及び準備金の減少手続きを整理しなおせば，次のとおりである。

第2編 純資産会計

❖ 資本金・準備金の減少手続き

摘要		資本金減少手続き		準備金減少手続き	
		決議	債権者保護	決議	債権者保護
(1) 原則		株主総会での特別決議	必要	株主総会での決議	必要
(2) 例外	① 欠損填補のケース*1	定時株主総会での決議	必要	定時株主総会での決議	不要
	② 同時増減資等のケース*2	取締役会での決議	必要	取締役会での決議	必要
	③ 準備金減少額全額の資本金組入れのケース	—	—	株主総会での決議	不要

*1 定時株主総会での決議で，かつ減少額が欠損金額以下のケース
*2 株式の発行と同時の減少で，かつ効力発生日前の資本金（準備金）がその後の資本金（準備金）以下のケース

③ 例題

――〔設 例〕資本準備金の減少――
　甲社は，株主総会の決議により合併差益￥1,000を取り崩し，資本金に組み入れた。

〔解 答〕

　（借）合 併 差 益　　1,000　　（貸）資　本　金　　1,000

4 その他資本剰余金の増減のケース

(1) 概要

　会社法上，その他資本剰余金の増減するケースは限定されており，次のようなものがある（計規50，52）。

第4章　資本の部の計数の変動

❖　その他資本剰余金の増減のケース

摘要		具 体 例
その他資本剰余金の増減	①増加	㋑ 株式交付時 ㋺ 吸収型再編時 ㋩ 減資時（資本準備金組入分を除く）＊1 ㋥ 資本準備金減少時（資本金組入分を除く）＊1 ㋭ 不公正株引受者の差額支払時 ㋬ そ の 他
	②減少	㋑ 株式交付時 ㋺ 吸収型再編時 ㋩ その他資本剰余金の配当時 ㋥ 自己株式の消却時 ㋭ 資本金への組入時＊1 ㋬ 資本準備金への組入時＊1 ㋣ 剰余金の配当に伴う資本準備金の積立時＊1 ㋠ そ の 他＊2

＊1　資本の部の計数の変動に該当する。
＊2　例えば、欠損金の填補時や新株発行無効の訴えの確定判決時などがある。

　以下では、既に説明した減資（☞第4章2(7)「減資と資本金の準備金への組入れ」）、資本準備金の減少（☞第4章3(3)「資本準備金の減少」）、自己株式の消却（☞第5章1「自己株式」）、その他資本剰余金の資本金組入れ（☞第4章2(5)「その他資本剰余金の資本金組入れ」）、その他資本剰余金の資本準備金組入れ（☞第4章3(2)「その他資本剰余金の資本準備金組入れ」）及び後述するその他資本剰余金の配当（☞第6章1(6)②「その他資本剰余金からの配当」）を除き、それぞれの項目についてみていくことにする。

(2)　株式の交付

①　内　　　容

　株式の交付に伴ってその他資本剰余金が増減するのは、次のように自己株式を処分した場合である。

第2編　純資産会計

自己株式の処分とその他資本剰余金の増減

摘要			内容
自己株式の処分	その他資本剰余金	増加	① 募集株式の発行等＊1（計規37） ② 新株予約権の行使＊1（計規40） ③ 取得条項付新株予約権の取得（計規41） ④ 単元未満株式売渡請求（計規42） ⑤ そ の 他
		減少	① 株式無償割当て＊2（計規39） ② そ の 他

＊1　資本金の増減のケース（株式の交付）を参照されたい。
＊2　資本金の増減のケース（株式の交付：株式の無償割当て）を参照されたい。

② 単元未満株式の売渡請求

単元未満株式について売渡請求を受け，自己株式を処分した場合には，その対価額について，その他資本剰余金を増加させる。

5　利益準備金の増減のケース

(1) 概　　要

会社法上，利益準備金が増減するケースは限定されており，次のようなものがある（計規49，51）。

利益準備金の増減のケース

摘要		具体例
利益準備金の増減	増加	① 吸収型再編時 ② その他利益剰余金の配当時＊ ③ その他利益剰余金の利益準備金への組入時＊
	減少	利益準備金の取崩時（その他利益剰余金へ）＊

＊　資本の部の計算の変動に該当する。

ここでは，特殊な吸収型再編（☞第5編「組織再編」）及び配当（☞第6章1(6)「配当の会計処理」）を除いて，それぞれの内容をみていくこととする。

(2) その他利益剰余金の利益準備金への組入れ

① 内　　容

従来の商法では，その他利益剰余金の利益準備金への組入れは認められていなかった。

他方，新しい会社法では，その他利益剰余金の利益準備金への組入れが認められている（計規51①）。

② 例　　題

──〔設　例〕　その他利益剰余金の利益準備金組入れ──────────
　甲社は，株主総会の決議によって，繰越利益剰余金¥1,000を利益準備金に組み入れた。

〔解　答〕

　　（借）繰越利益剰余金　　　1,000　　（貸）利　益　準　備　金　　1,000

(3) 利益準備金の取崩し

① 内　　容

従来の商法では，法定準備金の取崩し（減少）については，資本の4分の1を超える部分についてのみ減少させることが認められ，それ以下の部分については減少させることができなかった。

他方，会社法では，会社は次の事項を定め，株主総会の決議によって，いつでも利益準備金の全額を減少すること（**100％準備金減少制度**）が認められるようになった（**準備金に関する資本金の4分の1維持制度の廃止**）。ただし，マイナスにすることはできない（法448，計規51②）。

■ 第2編　純資産会計

―〔利益準備金減少時の決議事項〕―
　㋑　準備金の減少額
　㋺　効力発生日

② 例　　題

―〔設　例〕　利益準備金の減少―
　甲社は，株主総会で利益準備金¥1,000を全額取り崩すことを決定した。

〔解　答〕
　（借）利 益 準 備 金　　1,000　　（貸）繰越利益剰余金　　1,000
　　　　　　　　　　　　　　　　　　　（利益準備金取崩額）

③　準備金取崩しに伴う払戻し
　準備金の取崩し（減少）に伴う財産の払戻し（剰余金の配当）は，有償での減資の場合と同様に，会社法では，**準備金減少＋剰余金の配当**というように概念整理されている。
　また，財産の払戻し（配当）の方法についても，減資に伴う財産の払戻しの場合と同様に，準備金の減少と同時に払戻す方法と，まず準備金の減少だけをしておき，その後の株主総会で払戻し（配当）を決定・実行する方法とがある。

❖6　その他利益剰余金の増減のケース

(1) 概　要
　会社法上，その他利益剰余金の増減するケースは限定されており，次のようなものがある（計規50，52）。

■ 第4章　資本の部の計数の変動

❖　その他利益剰余金の増減のケース

摘要		具体例
その他利益剰余金の増減	増加	① 吸収型再編時 ② 利益準備金の取崩時 ③ 当期純利益の計上時 ④ その他
	減少	① 株式の交付時＊ ② 吸収型再編時 ③ その他利益剰余金の配当時 ④ その他利益剰余金の配当時の利益準備金積立 ⑤ その他利益剰余金の利益準備金への組入時 ⑥ 当期純損失の計上時 ⑦ その他

＊　これには，募集株式の発行等，新株予約権の行使及び取得条項付新株予約権の取得の場合で，かつ払込金額等がマイナスの場合がある。

　ここでは，特殊な吸収型再編（☞第5編「組織再編」），既に説明した利益準備金の取崩し（☞第4章5⑶「利益準備金の取崩し」），株式の交付（☞第4章2⑶「募集株式の発行等」），その他利益剰余金の利益準備金への組入れ（☞第4章5⑵「その他利益剰余金の利益準備金への組入れ」）及び後述の配当（☞第6章1⑹「配当の会計処理」）を除き，それぞれについてみていくことにする。

⑵　その他利益剰余金の意義

　その他利益剰余金（other earned surplus）とは，利益準備金以外の利益剰余金のことをいう。

　これは，既に処分がなされ，社内に留保された任意積立金（**処分済利益剰余金**）といまだに処分がなされていない繰越利益剰余金（**未処分利益剰余金**）がある。

(3) 任意積立金
① 意　義
　任意積立金（voluntary reserve）とは，株主総会の決議に基づいて会社の任意に設定される積立金のことである。
② 種　類
　これには，特定の目的のために積み立てられる**特定目的積立金**（special purpose reserve）と，特定の目的を持たない**不特定目的積立金**がある。
　前者には，例えば，新築積立金，事業拡張積立金，減債積立金，配当平均積立金，欠損填補積立金などがあり，その目的を示す名称を付した科目で表示する。また，後者には，別途積立金がある。
③ 取崩し
　特定目的積立金の目的取崩しは，原則として取締役会の決議によってなされる（計規181②Ⅱ）が，配当平均積立金や欠損填補積立金のように，設定目的それ自体が株主総会の権限に属するものは，株主総会の決議による。
　また，目的外取崩しは，株主総会の決議による。
　さらに，不特定目的積立金の取崩しは，株主総会の決議による。
　そして，これらの任意積立金の積立て及び取崩しは，すべて株主資本等変動計算書に表示する。

※　**任意積立金の積立て及び取崩し**

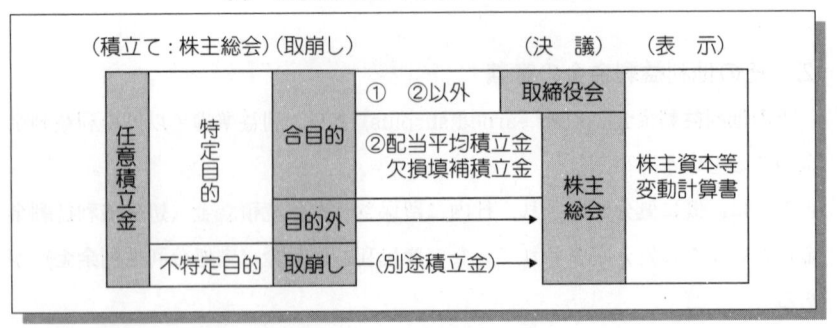

任意積立金		（積立て：株主総会）（取崩し）		（決議）	（表示）
	特定目的	合目的	① ②以外	取締役会	株主資本等変動計算書
			②配当平均積立金 欠損填補積立金	株主総会	
		目的外			
	不特定目的	取崩し	（別途積立金）		

（出所）　岩崎　勇『基本財務諸表論』中央経済社，136頁。

第4章 資本の部の計数の変動

(4) 当期純損益の計上時

① 当期純利益の計上時

当期純利益の計上は，その他利益剰余金（より具体的には，**繰越利益剰余金**）の増加となる。

〔当期純利益計上時の処理〕

(借) 損　　　　益　×××　　(貸) 繰越利益剰余金　×××

② 当期純損失の計上時

当期純損失の計上は，その他利益剰余金（より具体的には，繰越利益剰余金）の減少となる。

(借) 繰越利益剰余金　×××　　(貸) 損　　　　益　×××

❖ 当期純損益の計上

摘　　要	繰越利益剰余金＊
① 当期純利益	増　　加
② 当期純損失	減　　少

＊　または，その他利益剰余金でもよい。

③ 例　題

┌─〔設　例〕　当期純利益の計上────────────
│ 甲社は，期末に当期純利益￥1,000を計上した（仕訳）。
└──────────────────────────

〔解　答〕

(借) 損　　　　益　1,000　　(貸) 繰越利益剰余金　1,000

第5章 その他の純資産項目

1 自己株式

(1) 意　　義

自己株式（treasury stock：金庫株）とは，（個別会計の場合には，）自社が一旦発行した株式を取得し，まだ処分ないし消却せずに，手許にある株式のことである。

なお，連結会計の場合には，この他に，連結子会社並びに持分法適用の非連結子会社及び関連会社が保有するその株式会社の帳簿価額のうち，その会社のこれらの会社に対する持分相当額である（計規127⑨一）。

❖　自己株式

（株式発行会社）　　　　　　　　　　　　　（株主）

甲社　①→　株式の発行　→

　　　←②　自己株式の取得　←②

この自己株式の本質については，代表的なものとしてその有価証券という資産性を重視する**資産説**と，株式の equity（エクイティ）という資本（控除）性を重視する**資**

本減少（控除）説などがある。

　従来の商法では，前者の資産説が採用され，自己株式取引は，株式という（有価証券）資産の売買とそれに伴う**損益取引**と考えられてきた。

　他方，会社法では，後者の資本減少（控除）説が採用され，自己株式取引は株主に対する**資本の払戻**しという株主との**資本取引**であるという考え方に基づいて整理されている。

　なお，この他に主な学説としては，**純資産控除説**（自己株式を純資産から控除する説），**剰余金控除説**（自己株式を剰余金から控除する説。なお，**利益剰余金控除説**と**資本剰余金控除説**に細分される）などがある。

❖ 自己株式の本質

学　説	重　視	考　え　方	採　用
① 資産説	有価証券の資産性	株式という資産の売買とそれに伴う**損益取引**	旧商法
② 資本減少(控除)説	株式の資本性	株主への資本の払戻しとそれに伴う資本剰余金の増減をもたらす**資本取引**	会社法

(2) 自己株式の活用方法

　自己株式の主な活用方法には，次のようなものがある。

❖ 自己株式の活用方法

活用方法	内　容
(1) インセンティブ目的	ストック・オプションでの交付株式など
(2) 財務目的	・分析指標（ROI，ROEなど）の改善 ・配当金の支払額の削減 ・余剰資金の活用など
(3) 株価目的	株式の需給関係の調節，つまり株価対策のために株式数の調整など
(4) 組織再編目的	合併などの組織再編の対価としての利用など

(3) 自己株式の取得と消却・処分

自己株式の消却・処分について，従来の商法では，自己株式の取得と消却・処分について，それらを一体のものと考える連続思考によって自己株式の消却や自己株式を消滅させることを考えていたけれども，会社法では切断思考に基づいて，それらを全く別個の取引とみなしており，すべて一旦自己株式を取得し，それを消却・処分するものとして整理している。

なお，自己株式の処分は，（募集しない場合を除き，）新株発行と同じ規定に従う（準用される）こととなる。

❖ 自己株式の消却・処分

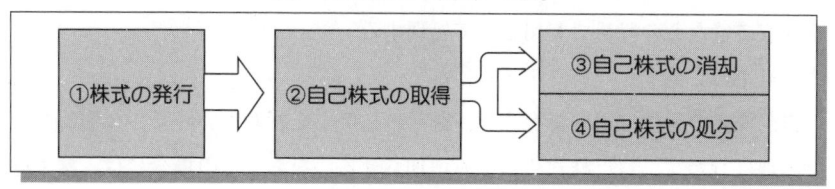

①株式の発行 → ②自己株式の取得 → ③自己株式の消却／④自己株式の処分

(4) 期間制限

新しい会社法では自己株式について保有期間の制限はなくなっている。

(5) 取　得

① 有償取得の本質

自己株式の有償取得についての会計理論上の本質は，一部が株主の払込資本の払戻しであり，残りの一部（払込超過額）が利益の配当であると考えること

❖ 自己株式の取得の本質

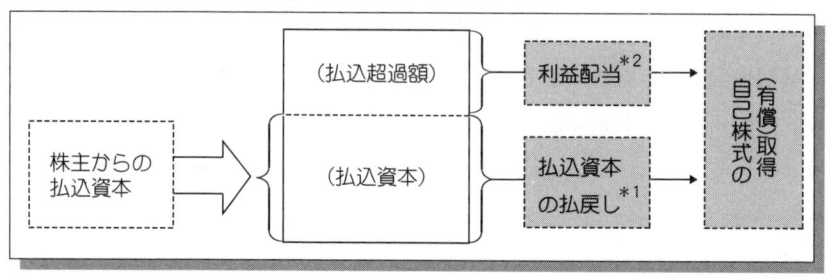

株主からの払込資本 → （払込超過額）→ 利益配当[*2] ／（払込資本）→ 払込資本の払戻し[*1] →（有償取得の）自己株式の

＊1　本来，資本金（及び資本準備金）から控除すべき性質のものである。
＊2　本来，利益剰余金から控除すべき性質のものである。

ができる。

② 制度上の取扱い

　自己株式についての制度上の取扱いは，会社が自己株式を取得した場合には，実際に法律上の減資手続きは行われないけれども，株主への資本の払戻し・財産の払戻しであると考えて会計処理を行う。そして，自己株式の取得は，原価法に基づきその取得原価で自己株式を計上する（計規47）。なお，取得に伴う付随費用は，その取得が資本の払戻しであり，資産の取得ではないので，自己株式取得費などの科目で費用として処理する。

③ 無償取得

　自己株式の無償取得の場合には，財産の払戻しを行わないので，金額的な会計処理は行わず，自己株式の数のみ増加させる。なお，この場合には，株主総会の決議は不要である。

④ 自己株式の性質の二重性

　自己株式の取得には，㋑資金調達の面からは資本の払戻しという側面ないし法的には会社に対する権利義務がない（法的には無価値である）という側面と，㋺経済性（資産性）の面からは財産の1つとしての株券の存在という側面の2つがある。そして，たとえ会計処理上，資本の払戻しということで資産性が否定されたとしても，株券という経済性（資産性）を否定することはできない。

⑤ 処理方法

　自己株式取引の**処理方法**としては，**原価法**（取得に要した原価（時価）を基礎として処理する方法），**額面法**（株式の額面を基礎として処理する方法）及び**帳簿価額法**（取得時の相手方の適正な帳簿価額を引き継ぐ方法）などがあるが，2001年の商法改正で額面株式制度の廃止に伴って，額面法は採用できなくなっている。それゆえ，現行の会社法では，基本的に原価法によっている。

■ 第5章　その他の純資産項目

❖　額面・無額面株式制度と自己株式の処理方法

摘　要	額面法	原価法	帳簿価額法
① 額面株式・無額面株式制度（従来）	○	○	○
② 無額面株式制度のみ（今日）	×	○	○

（注）○：採用の可能性あり，×：採用の可能性なし

⑥　処理・表示

自己株式を取得したときには，次のように処理をする。

〔自己株式の取得時〕

　　（借）自　己　株　式　×××　（貸）（現　金　預　金）　×××
　　　　　自己株式取得費　×××

自己株式は，純資産の部の**株主資本の控除項目**として**控除形式で表示**する。

〔表　示〕

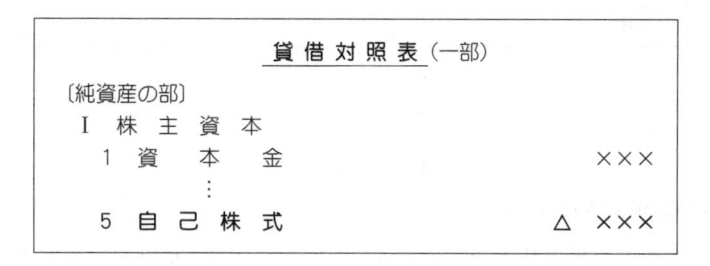

```
              貸 借 対 照 表（一部）
〔純資産の部〕
 Ⅰ　株　主　資　本
　　1　資　本　金                      ×××
       ：
　　5　自　己　株　式                △×××
```

⑦　株主資本からの控除理由

自己株式を株主資本の部から控除する主な理由は，次のとおりである。

①　自己株式の有償取得の本質は株主への資本の払戻しであること
②　実際に減資手続きが行われないこと
③　（自己株式の取得だけでは）会社の発行済株式数は変わらないこと
④　取得後において処分又は消却されるまでの一時的な状態であること，など

■ 第2編　純資産会計

COFFEE BREAK

● 自己株式の権利

新しい会社法では，次のように自己株式の権利について一層明確な規定がなされている。

※　自己株式の権利

権　利		内　　　　容
(1) 有		株式併合（法182）及び株式分割（法184①）を受ける権利
(2) 無	① 自益権	剰余金の配当請求権（法453），残余財産分配請求権（法504③），株式の無償割当て（法186②），募集株式の割当て（法202②），新株予約権の割当て（法241②）など
	② 共益権	議決権（法308②）など

---

⑧　取得の具体的ケース

自己株式の取得の具体的なケースについては，第6章剰余金の配当等1(4)「統一的財源規制」を参照されたい。

⑨　例　　　題

―〔設　例〕　自己株式の取得―――
甲社㈱は，自己株式10株を￥500,000で取得し，代金は小切手で支払った。

〔解　答〕
（借）自　己　株　式　500,000　（貸）当　座　預　金　500,000

なお，取得した自己株式のその後の取扱いには，①保有（し続けること），②消却，③処分：ⓐ代用自己株式（新株発行に代えて交付するもの），ⓑ新株

予約権の行使時に交付するものなどがある。

❖ **自己株式の取扱い**

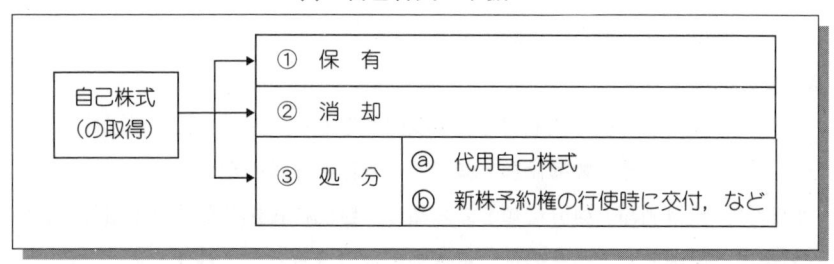

```
┌─────────────┐     ┌──────────────────────────────────────┐
│             │ →   │ ① 保　有                             │
│  自己株式   │     ├──────────────────────────────────────┤
│  (の取得)   │ →   │ ② 消　却                             │
│             │     ├─────────┬────────────────────────────┤
│             │ →   │ ③ 処　分│ⓐ 代用自己株式              │
│             │     │         │ⓑ 新株予約権の行使時に交付，など│
└─────────────┘     └─────────┴────────────────────────────┘
```

(6) 処　分

① 処分の具体例

自己株式の処分に該当する具体例には，次のようなものがある。

〔自己株式の処分の具体例〕

> ① 新株発行手続きを準用した処分（法199）
> ② 合併や分割時などに新株発行に代えて交付するケース（代用自己株式）（法479他）
> ③ 新株予約権の行使時に，新株発行に代えて交付するケース（法236①）
> ④ 単元未満株主などの請求により交付するケース（法194）など

② 処分の本質と処理方法

自己株式の処分は，募集株式の発行の一形態であり，処分対象となる自己株式を引き受ける者を募集するという手続きとなっている。

そこで自己株式の処分は，会社法上，基本的に新株発行と同じ規定に従うこととなる。そして，この自己株式の処分についての会計理論上の代表的な考え方（資産説を除く）には，次のようなものがある。

⑦ 自己株式の処分は，新株発行と同様の規定に従う資本取引なので，その本質は新株発行（と同様）の性質を有しているので，処分の全額が資本金（及び資本準備金）となると考える説。

㋓ 自己株式の処分は資本取引なので，その取得価額との差額がその他資本剰余金となると考える説，など。

なお，制度上は，後者の説が採用されている。

③ 処分時の処理

前述のように，自己株式取引は資本取引と考えるので，会社が自己株式を処分する場合には，その**帳簿価額を減少**すべき自己株式の額とする。

同時に，帳簿価額と処分価額との差額は，**自己株式処分差額**（差損益）という名称で，原則として**（その他）資本剰余金の増減**として処理する。

なお，自己株式取引は資本取引と考えるので，そのための処分費用は，自己株式処分費などの科目で費用処理ないし繰延資産計上する。

④ 期末時の処理

自己株式取引は，資本取引と考えられるので，自己株式の処分に伴って，その帳簿価額より処分価額の方が大きい場合に生じる**自己株式処分差益**は，その他資本剰余金に計上する。反対に，その帳簿価額より処分価額の方が小さい場合に生じる**自己株式処分差損**は，**その他資本剰余金から減額**し，減額しきれないときは，**その他利益剰余金（繰越利益剰余金）から減額**する。

なお，この処理は自己株式処分差損益を会計年度ごとに相殺した後に行う。

※ 自己株式の処分差損益の取扱い

(1)自己株式処分差損益	(2)（期末に相殺）	(3)①自己株式処分差益		その他資本剰余金に計上
		(3)②自己株式処分差損	Ⓐ（まず）その他資本剰余金から減額	
			=	Ⓑ（Ⓐで減額できなかった額）その他利益剰余金（繰越利益剰余金）から減額

⑤ 例　　題

──〔設　例〕　自己株式の処分──────────────────
　前設例（自己株式の取得：10株￥500,000での取得）の自己株式のうち半分5株を￥350,000で処分し，現金を受け取った。
────────────────────────────

〔解　答〕

　　（借）現　　　　　金　350,000　　（貸）自　己　株　式　250,000*1
　　　　　　　　　　　　　　　　　　　　　　自己株式処分差益　100,000*2

＊1　250,000＝500,000÷10株×5株
＊2　100,000＝350,000−250,000

(7)　消　　却

① 意　　義

　株式の消却（redemption）とは，会社が取得していた株式を消滅させることである。

　会社法上，会社の株式の消却は，自己株式の消却という方法のみが認められている（法178）。

　そして，この自己株式の消却は，自己株式数及び発行済株式総数を減少させるが，発行可能株式総数や発行可能種類株式総数は変わらない。

② 消却時の処理

　自己株式の消却をした場合には，**自己株式の処分の場合と同様の性質**のものであると考えて，次のように，原則として**その自己株式の帳簿価額をその他資本剰余金から減額する**（計規47）。

　ただし，その他資本剰余金から減額しきれない金額については，**その他利益剰余金（繰越利益剰余金）から減額**する。

〔自己株式の消却（その他資本剰余金による）〕

　　（借）その他資本剰余金　×××　　（貸）自　己　株　式　×××

第2編 純資産会計

❖ 自己株式の消却

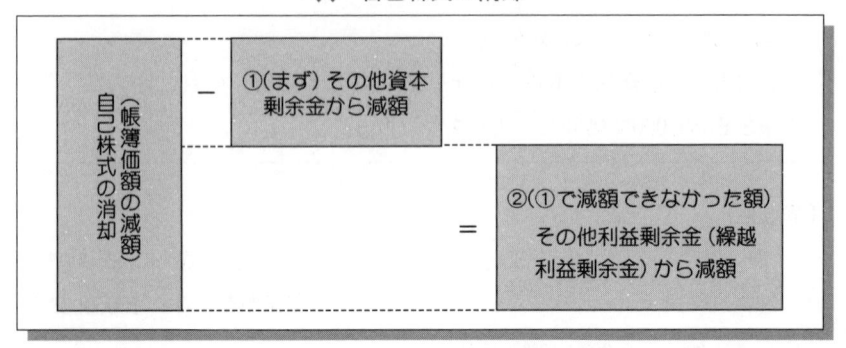

自己株式の消却
（帳簿価額の減額）
－ ①（まず）その他資本剰余金から減額
＝ ②（①で減額できなかった額）その他利益剰余金（繰越利益剰余金）から減額

② 例　題

〔設　例〕　自己株式の消却

　前々設例（自己株式の取得）の自己株式のうち残り半分5株（帳簿価額¥250,000）を，その他資本剰余金（同額）を財源として消却した。

〔解　答〕

（借）その他資本剰余金　250,000　　（貸）自　己　株　式　250,000

(8) 子会社保有の親会社株式

① 処　理

　連結子会社が保有する親会社株式は，連結財務諸表上，親会社保有の自己株式と合わせて，純資産の部の株主資本の控除項目として控除形式で表示する。

　この場合，株主資本からの控除額は，親会社持分相当額のみであり，少数株主持分相当額は，少数株主持分から控除する。

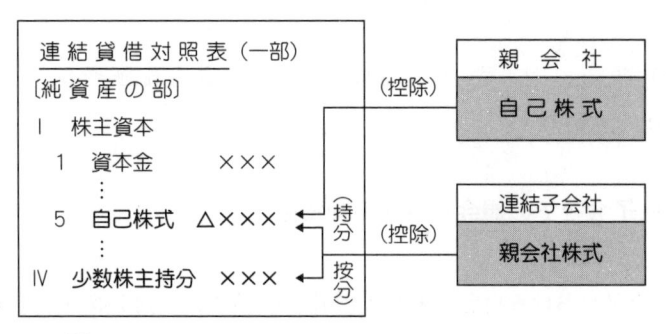

第5章 その他の純資産項目

```
連結貸借対照表（一部）          親　会　社
〔純資産の部〕         （控除）   自己株式
 Ⅰ　株主資本
  1　資本金　　×××
  ⋮
  5　自己株式　△×××  ←持分     連結子会社
                         （控除） 親会社株式
 Ⅳ　少数株主持分　×××  ←按分
```

② 例　題

──〔設　例〕　子会社保有の親会社株式──
連結子会社乙社（親会社甲社が70％保有）は親会社甲社の株式¥3,000を保有している。

〔解　答〕
（借）自　己　株　式　　2,100*1　（貸）親　会　社　株　式　　3,000
　　　少 数 株 主 持 分　　 900*2

*1　2,100＝3,000×0.7
*2　　900＝3,000×0.3

(9) 持分法適用会社保有の親会社株式

① 処　理

　持分法適用会社が保有する親会社株式は，連結財務諸表上，連結子会社保有の親会社株式と同様に考えて，連結持分相当額を，（連結会社の投資有価証券から控除するとともに）自己株式に含めて，資本の部の控除項目とする。

② 例　題

──〔設　例〕　持分法適用会社保有の親会社株式──
持分法適用会社丙社（親会社甲が40％所有）は，親会社株式¥2,000を保有している。

■ 第2編　純資産会計

〔解　答〕

(借) 自 己 株 式　　800*　　(貸) 投資有価証券　　800

＊　800＝2,000×0.4

⑽　連結子会社での親会社株式売却損益

① 処　　理

　連結子会社における親会社株式の売却損益のうち，①内部取引によるものは，連結財務諸表作成上，内部取引及び内部取引による損益の相殺（消去）によって，相殺（消去）される。また，②内部取引以外のもの（つまり外部との取引によるもの）については，ⓐ親会社持分相当額は，親会社における自己株式処分差損益の会計処理と同様に処理し，ⓑ少数株主持分相当額については，少数株主持分損益に加減する。

② 例　　題

┌─〔設　例〕　親会社株式売却益─────────────────
│　乙社は，期中に親会社（乙社の80％を保有）である甲社の株式（原価
│¥1,000）を外部の第三者に¥1,500で（現金）売却し，次のような仕訳を
│行った。連結上の仕訳をしなさい。
│
│　　(借) 現　　　　金　　1,500　　(貸) 親 会 社 株 式　　1,000
│　　　　　　　　　　　　　　　　　　　　親会社株式売却益　　500
└──────────────────────────────

〔解　答〕

　　　(借) 親会社株式売却益(P/L)　500　　(貸) その他資本剰余金　　400*1
　　　　　　　　　　　　　　　　　　　　　　（親会社株式売却益）
　　　　　　　　　　　　　　　　　　　　　少数株主持分損益　　100*2

　＊1　400＝500×0.8
　＊2　100＝500×0.2

2 評価・換算差額等

(1) 意　　義
　これは，会社の期中における取引によって生じるものではなく，期末において時価評価や外貨換算を行うことにより生じる原価と時価との評価差額及び為替換算差額などの損益計算書を経由しないで，貸借対照表の純資産の部に直接計上される項目（**純資産直入項目**）のことである。

(2) 種　　類
　この区分に属する項目には，次のようなものがある。

〔評価・換算差額等〕

```
①　その他有価証券評価差額金
②　繰延ヘッジ損益
③　土地再評価差額金
(④　為替換算調整勘定)＊
```

　＊　連結貸借対照表に限る。

(3) その他有価証券評価差額金
① 処　　理

　その他有価証券は，期末に時価評価し，その評価差額は，洗替方式によって，税効果会計適用後の金額を，**全部純資産（資本）直入法**（評価差益も評価差損もすべて純資産に直入する方法）又は**部分純資産（資本）直入法**（評価差損は損益計算書に計上し，評価差益部分のみ純資産に直入する方法）によって，その他有価証券評価差額金として計上し，純資産の部に直入する。

② 例　題

┌─〔設　例〕　その他有価証券評価差額金─────────
│　甲社の保有するその他有価証券は，次のとおりである。
│
│　　実効税率40％　　A社株式　原価￥1,000,　時価￥2,000
└─────────────────────────────

〔解　答〕

　　（借）投資有価証券　　　1,000*1　　（貸）繰延税金負債　　　　400*2
　　　　　　　　　　　　　　　　　　　　　　その他有価証券
　　　　　　　　　　　　　　　　　　　　　　評　価　差　額　　　600*3

*1　1,000＝2,000－1,000
*2　400＝1,000×0.4
*3　600＝1,000－400

(4) 繰延ヘッジ損益

① 内　容

　ヘッジ手段の手仕舞いによる損益や時価評価差額の会計上の本質は，（繰延ヘッジ法を採用しない場合には）損益そのものである。それゆえ，新しい負債に該当しないので，純資産（評価・換算差額等）に表示することとした。

　なお，為替予約の振当処理に関するヘッジ損益は，その本質が異なる通貨間における金利差なので，従来と同様に資産・負債の部で表示する。

② 処　理

　繰延ヘッジ法では，時価評価されているヘッジ手段についての損益や評価差額を，ヘッジ対象についての損益が認識されるまで，純資産の部において税効果考慮後の数値を純資産の部に計上する。

③ 例　題

┌─〔設　例〕　繰延ヘッジ損益─────────────
│　3月末決算の甲社は，×1年1月15日に，￥1,000の社債（固定金利）
│を購入し，同時に金利変動による価格変動リスクをヘッジするために，固

定支払い・変動受取りの金利スワップ契約を結んだ。実効税率40％

〔市場価格の推移〕

年　月　日	社　　債	金利スワップ
×1年1月15日	¥1,000	¥0
×1年3月31日	¥940	¥40

×1年3月31日（決算日）の仕訳を示しなさい。

〔解　答〕

(借)その他有価証券評価差額金	36*1	(貸)その他有価証券	60
繰延税金資産	24*2		
(借)金利スワップ	40	(貸)繰延ヘッジ損益	24*3
		繰延税金負債	16*4

* 1　36＝60×(1－0.4)
* 2　24＝60×0.4
* 3　24＝40×(1－0.4)
* 4　16＝40×0.4

(5) 土地再評価差額金

① 内　　容

1998年3月に成立した土地再評価法（2002年3月まで有効であった**時限立法**）により，土地を（1回だけ）時価まで再評価した場合に生じる評価差額のことである。

② 処　　理

㋐　評価益計上時

(借)土　　　　地	×××	(貸)土地再評価差額金	×××
		再評価に係る繰延税金負債	×××

第2編　純資産会計

(ロ)　評価損計上時

(借) 土地再評価差額金　×××　　(貸) 土　　地　×××
　　　再評価に係る
　　　繰延税金資産　　×××

(ハ)　取崩時

土地再評価差額金は，売却や減損などが生じたときにのみ取崩し処理を行う。

なお，再評価後の土地を売却する場合には，土地の再評価後価額（帳簿価額）と売却価額の差額を固定資産売却損益として損益計算書に表示するとともに，その土地に関する繰延税金資産負債を取り崩し，法人税等調整額に計上する。

・売却（再評価益が存在し，売却益の出るケース）

(借) (現金預金)　　　×××　　(貸) 土　　地　　　×××
　　　土地再評価差額金　×××　　　　固定資産売却益　×××
　　　再評価に係る　　　×××　　　　土地再評価差額金
　　　繰延税金負債　　　　　　　　　　取　崩　額　　×××
　　　　　　　　　　　　　　　　　　法人税等調整額　×××

そして，その土地に関する再評価差額金は取り崩し，**土地再評価差額金取崩額**として，当期純利益（損益計算書）には反映させず，**その他利益剰余金**（株主資本等変動計算書）に**直接計上**（表示）する。

③　例題

─〔設例〕　土地再評価差額金─

次の一連の取引の仕訳を示しなさい。

1　甲社は，土地再評価法に基づき事業用土地（帳簿価額¥2,000）を¥3,000に再評価した。なお，実効税率は40%として税効果会計を適用する。

2　甲社は，上記の土地を¥5,000で売却し，現金を受け取った。

〔解答〕

1　(借) 土　　　地　　1,000　　(貸) 土地再評価差額金　　600*1
　　　　　　　　　　　　　　　　　　再評価に係る
　　　　　　　　　　　　　　　　　　繰延税金負債　　　　400*2

第5章　その他の純資産項目

2	（借）現　　　　金	5,000	（貸）土　　　　地	3,000
	土地再評価差額金	600	固定資産売却益	2,000
	再評価に係る繰延税金負債	400	土地再評価差額金取　崩　額	600
			法人税等調整額	400

＊1　600＝1,000−400
＊2　400＝(3,000−2,000)×0.4

3　新株予約権

(1) 意　義

① 意　義

新株予約権とは，その権利の行使によってその会社の株式の交付を受けることができる権利のことである（法2）。これは，株式を目的とした**コール・オプション**（call option：一定の目的物を買う権利のこと）の一種（**自己株式オプション**）である。

これは，従来の新株引受権，ストック・オプション及び転換社債の転換権を統合するものとして，会社法では位置づけられている。

❖　新株予約権への統一化

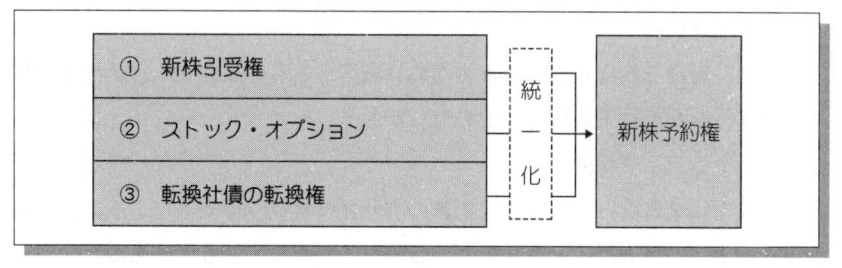

① 新株引受権	統	
② ストック・オプション	一	新株予約権
③ 転換社債の転換権	化	

② 新株予約権とストック・オプションとの関係

ストック・オプション（stock option）とは，新株予約権のうち特に会社の役員等に対して，その労働サービスの提供（職務執行）の対価として，インセンティブ報酬として付与されるもののことである。

これは,インセンティブ目的で,かつ無償(又は低廉な価格)で発行されることが多いという特徴を有し,有利発行となる。

COFFEE BREAK

● 新株予約権と新株引受権

　従来の商法では,会社が新しい株式の発行を決議したときに,優先的に新株の割当てを受けることができるという**新株引受権**と,会社が新しい株式の発行を決議するかどうかにかかわらず,その権利の行使によってその会社の新しい株式の交付を受けることができる権利である**新株予約権**とが併存していた。

　他方,新しい会社法では,両者は**新株予約権**(及び**新株予約権証券**)制度に吸収・統合化されている(法254,288他)。

---

(2) 活 用 例

新株予約権の代表的な活用例としては,次のようなものがある。

① 資金調達目的

　これは,新株予約権を資金調達のために利用するものであり,ⓐ新株予約権の単独発行とⓑ新株予約権付社債の発行がある。

② インセンティブ報酬目的

　取締役や従業員などへの新株予約権の有利発行という手続きによって,これを業績向上への努力のインセンティブ報酬として利用するものである。

③ 買収防衛目的

　これは,新株予約権を敵対的な買収(M&A)を防衛するために利用するものである。

④ 株主優待目的

これは，新株予約権を株主優待のために利用するものである。

(3) 無償の新株予約権

会社法では，会社の株主に対して新株予約権を無償で発行できる制度が創設されている（法277）。

COFFEE BREAK

● オプション・プレミアム

オプション・プレミアム（option premium）とは，オプションの価額のことである。

そして，これは，**本源的価値**（行使価額と株価との差額で，オプションの権利を行使したときに得られる利益のこと）と**時間価値**（オプション・プレミアムから本源的価値を差し引いたもののこと）から構成されている。

| ② 時間価値 | ｝ オプション・プレミアム |
| ① 本源的価値 | （オプション価額） |

---

(4) 発　　行

新株予約権の発行は，新株の発行と同様の手続きによる（法199）。ただし，特に有利な条件で株主以外の者に発行する場合には，株主総会の決議が必要とされる。

(5) 発行時の処理

有償での新株予約権の発行（割当）時には，原則としてその発行・払込価額で**新株予約権**勘定（純資産）に計上する。

　　（借）（現　金　預　金）　×××　　（貸）**新　株　予　約　権**　×××

なお，例外としてインセンティブ報酬目的で，役員などにストック・オプションを付与した場合には，期末にそのストック・オプションの公正評価額のうち，勤務期間等を基礎として合理的に計算したその期間に発生したと認められる金額を**株式報酬費用**勘定（費用：人件費）で処理する。

・期　末

　　（借）**株 式 報 酬 費 用**　×××　　（貸）**新 株 予 約 権**　×××

(6) 新株予約権の行使時の処理

① 一般的な（新株発行のみの）ケース

　㋐ 行使時の処理

新株予約権の行使時の資本金等増加限度額についての考え方は，募集株式のそれと基本的に同様である。

すなわち，新株発行のみであり，かつ払込額がプラスという一般的なケースでは，新株引受権が行使された時には，その対価は発行された株式の対価と考えられるので，原則として新株予約権の発行・払込価額のうち，その行使部分に対応する部分の金額は，通常の払込額とあわせて資本金（及び資本準備金）に組み入れられる。すなわち，その行使等に，行使価額（払込価額）と新株予約権（の帳簿価額の減少額）の合計額を基礎として計算した金額で，資本金（及び資本準備金）を増加させる。

〔新株予約権の行使時〕

　　　（借）**新 株 予 約 権**　×××　　（貸）**資　　本　　金**　×××
　　　　　（現　金　預　金）　×××　　　　（資　本　準　備　金）　×××

■ 第5章　その他の純資産項目

㊁　例　　題

―〔設　例〕　新株予約権の行使―

次の一連の取引の仕訳を示しなさい。
1　新株予約権¥2,000を発行・割当てをし，全額当座預金に払込みを受けた。
2　上記のうち半分の権利が行使され，新株10株（@¥50,000）を発行し，全額当座預金への払込みを受け，全額資本金とした。

〔解　答〕

1　（借）当　座　預　金　　2,000　　（貸）新 株 予 約 権　　2,000
2　（借）新 株 予 約 権　　1,000　　（貸）資　　本　　金　　501,000
　　　　当　座　預　金　　500,000

②　複雑な（抱合せの）ケース

次にここでは，やや複雑な抱合せのケース，すなわち新株引受権の行使に伴って新株の発行と自己株式の処分の双方が抱合せで行われるケースについての資本金等増加限度額などの処理をみていくことにする。

なお，これについての基本的な考え方は，募集株式のそれと同様である。

㋐　資本金等増加限度額

会社成立後において**新株予約権**の行使に伴って株式の発行等を行う場合における会社の資本金等増加限度額は，**株式の募集**（☞第4章2(3)「募集株式の発行等」参照）**の場合と基本的に同様に**，次の(1)と(2)の合計額（払込額）から(3)の新株予約権行使関連費用の資本控除額を控除した額に株式発行割合を乗じた額から(4)の自己株式処分差損額を控除した額（零未満のときは，零）である（計規40）。

〔新株予約権行使時の資本金等増加限度額の算式〕

$$\text{新株予約権行使時の資本金等増加限度額} = \{(1)+(2)-(3)\} \times \text{株式発行割合}^{*1} - (4)$$

(1) 行使時の新株予約権の帳簿価額（**新株予約権簿価**）
(2) 次の合計額（**払込額**）
  ① **払込金銭額**[2]
  ② 金銭以外の財産の行使時の価額（**現物出資財産時価**）[3]
  ③ 払込み又は給付直前の帳簿価額の合計額（**組織再編時の出資財産簿価**）[4]
(3) 新株予約権の行使費用額のうち払込資本から減ずるべきと定めた額（**行使費用の資本控除額**）[5]
(4) 次の①から②を控除した額が零以上であるとき（つまり自己株式処分差損のとき）その額（**自己株式処分差損額**）
  ① その行使時に処分した自己株式の帳簿価額（**処分自己株式簿価**）
  ② 上記(1)と(2)の合計額から(3)を控除した金額（零未満のときは零）に**自己株式処分割合**（1から株式発行割合を控除した割合）を乗じた額（**処分自己株式対価額**）

[1] 株式発行割合 $= \dfrac{\text{行使時の発行株式数}}{\text{行使時の発行株式数}+\text{処分する自己株式数}}$
[2] 通常これのみである。
[3] 現物出資はまれである。
[4] 共通支配下関係にある会社間における出資などのケース（まれ）
[5] 株式交付費用の資本控除は，現在まだ公正な会計慣行とはなっていない。それゆえ，これは当分の間零である。

㈣ その他資本剰余金の額

新株予約権の行使に伴って株式の発行等を行う場合における会社のその他資本剰余金の額は，通常の株式の発行時と同様に，ⓐ新株式発行のみの場合には零であるが，ⓑ新株発行と自己株式の処分による抱合交付で自己株式処分損益が生じる場合（自己株式処分損については，払込額を超過する部分に限る）には，その他資本剰余金が増減する。

第5章 その他の純資産項目

〔新株予約権行使時のその他資本剰余金の額〕

(1) 新株発行のみのケース：零

----

(2) 抱合交付で自己株式処分損益が生じるケース

$$\text{その他資本剰余金の額} = \{(1)^{*1} + (2)^{*2} - (3)^{*3}\} \times \text{自己株式処分割合} - \text{自己株式の帳簿価額}$$

*1 前述㋑の(1)と同じ
*2 前述㋑の(2)と同じ
*3 前述㋑の(3)と同じ

① 正の値のケース

これは，自己株式処分差益であり，その他資本剰余金を増加させる。

② 負の値のケース

これは，自己株式処分差損であり，前述のように原則として資本金等増加限度額から控除する。ただし，例外として，控除しきれない超過額は，マイナスのその他資本剰余金とする（つまり，その他資本剰余金から控除する）。

以上の関係をまとめると，次のとおりである。

❖ その他資本剰余金の額

摘　　　　要	処　　　　理		
(1) 新株発行のみ（通常のケース）	（その他資本剰余金）零		
(2) 抱合交付：自己株式処分差損益の生じるケース	① 差益	その他資本剰余金を増額	
	② 差損	原則	資本金等増加限度額から控除
		例外	（控除しきれない超過額）その他資本剰余金を減額

㋩ その他利益剰余金の額

新株予約権の行使に伴う株式の交付時におけるその他利益剰余金の額は，通常の株式の発行時と同様に，通常，零であるが，払込金額等がマイナスの場合

■ 第2編 純資産会計

には，次のようにマイナスとなる。

〔新株予約権行使時のその他利益剰余金の額〕

(1) 通常のケース：零

(2) 払込金額等がマイナスとなるケース：

$$\text{その他利益剰余金の額} = \{(1)^{*1} + (2)^{*1} - (3)^{*1}\}^{*2} \times \text{株式発行割合}$$

＊1　前述⑦の(1), (2), (3)と同じ
＊2　零未満（マイナス）である場合に限る。すなわち，マイナスの資本金等は認められないので，マイナスのその他利益剰余金として処理する（反対にプラスの時は，原則どおり資本金等を増加させる）。

(7) 失効（消滅）時の処理

① 処　理

　新株予約権が行使されずに，行使期限の経過によってそれが失効（消滅）する場合には，その失効（消滅）する新株予約権の金額だけ**新権予約権戻入益**勘定（収益：特別利益）に計上する。

　　（借）新　株　予　約　権　　×××　　（貸）新株予約権戻入益　　×××

② 例　題

〔設　例〕　新株予約権の失効

　前設例（新株予約権の行使）に，次の資料を加えた場合には，どのようになるか。

　（1，2は同じ）

　3　上記1の残り（半分¥1,000）は，権利行使期間が経過したので，適切に処理をする。

〔解　答〕

3　（借）新　株　予　約　権　　1,000　　（貸）新株予約権戻入益　　1,000

(8) 新株予約権の消却

新株予約権の消却とは，会社が発行した新株予約権を消滅させることである。

会社法では，新株予約権の消却は，株式の消却が自己株式の取得とその消却として整理されたのと同様に，自己新株予約権の消却という方法でのみ認められており，それゆえ，自己新株予約権の取得とその消却というように概念整理されている（法273～276）。

COFFEE BREAK

● オプションの類型

オプションをその行使期間の観点から分類すると，次の2つのものがある。

① アメリカ型オプション

アメリカ型のオプション（アメリカン・タイプ・オプション）は，権利行使が一定の権利行使期間内においていつでもできるオプションのことであり，この評価モデルとしては，一般に2項モデル：binomial model）が使用されることが多い。

② ヨーロッパ型オプション

ヨーロッパ型のオプション（ヨーロピアン・タイプ・オプション）は，権利行使がオプションの満期日だけに限られるオプションのことであり，この評価モデルとしては，一般にブラック・ショールズ・モデル（Black & Scholes model）が使用されることが多い。

❖ 行使期間の観点からのオプション分類

分類	内容	評価モデル
① アメリカ型オプション	一定の権利行使期間内のいつでも権利行使ができるタイプのもの	2項モデルなど
② ヨーロッパ型オプション	オプションの満期日のみその権利行使ができるタイプのもの	ブラック・ショールズ・モデルなど

4 自己新株予約権

(1) 意義

自己新株予約権とは，会社が一旦発行した新株予約権を取得し，処分・消却せずに保有しているもののことである。

(2) 処理

① 取得時

自己新株予約権を取得したときには，その取得価額で自己新株予約権の額とする（計規87⑤）。

なお，自己新株予約権を取得するために直接に要した費用（**付随費用**）を，原則として取得原価に含めるものとする。

〔自己新株予約権の取得原価〕

自己新株予約権の取得原価＝自己新株予約権の時価＋付随費用

（借）**自己新株予約権**　×××　（貸）（現　金　預　金）　×××

なお，自己新株予約権については，その取得時には損益を認識しない。そし

て，その処分又は消却時に損益を認識する。

② 期末評価

その取得価額が，それに対応する新株予約権の額を超える場合には，次のように処理する（計規87⑥）。

ⓐ 期末時価がその原価より著しく下落している場合（処分しないと認められるもの（ⓑ）を除く）：次のいずれか高い方の額
　・期末時価
　・対応する新株予約権の帳簿価額

ⓑ 処分しない場合

　自己新株予約権を処分しない場合には，それに対応する新株予約権の帳簿価額を評価額とする。

③ 例　題

―〔設　例〕　自己新株予約権の減損処理―

甲社の期末の自己新株予約権（処分しないものと認められるものを除く）の帳簿価額￥1,000，これに対応する新株予約権の帳簿価額は￥350である。

決算日において，自己新株予約権の時価は次のように下がり，それは回復する見込みはない。

ケース①：時価￥450

ケース②：時価￥300

ケース③：処分しないと認められる場合

〔解　答〕

ケース①：

　（借）自己新株予約権評価損　　　550*1　（貸）自己新株予約権　　　550

　＊1　550＝1,000−450

ケース②：

　（借）自己新株予約権評価損　　　650*2　（貸）自己新株予約権　　　650

第2編 純資産会計

*2 650＝1,000－350

ケース③：
(借) 自己新株予約権評価損　650*3　(貸) 自己新株予約権　650

*3 650＝1,000－350

(3) 表　示

自己新株予約権は，原則としてその帳簿価額を純資産の部の**新株予約権**から**直接控除**して表示する。

❖ 自己新株予約権の表示（原則）

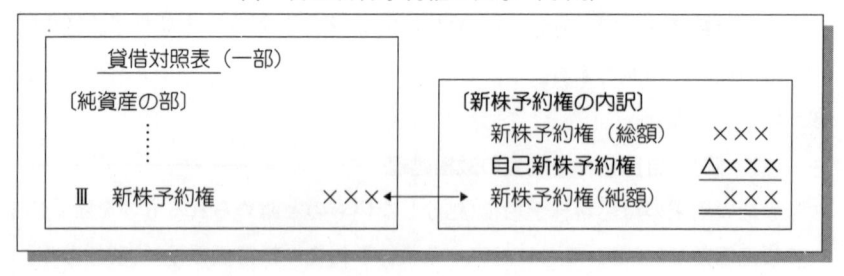

```
貸借対照表（一部）
〔純資産の部〕
    ⋮
Ⅲ 新株予約権　　×××
```

```
〔新株予約権の内訳〕
   新株予約権（総額）　×××
   自己新株予約権　　　△×××
   新株予約権（純額）　×××
```

(4) 行　使

会社法では，会社が自己株式に対して新株式の発行ができないのと同様に，**自己新株予約権の行使は禁止**されている（法280⑥）。

5　ストック・オプションの会計処理

(1) 概　要

ストック・オプション（以下，ＳＯとも略称する）の会計処理は，権利確定日を中心として，権利確定日以前とその後に分けられる。

第5章 その他の純資産項目

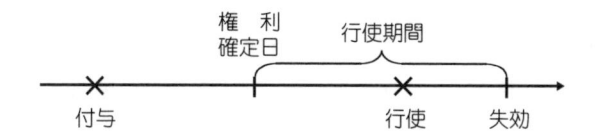

```
         権利
         確定日  行使期間
  ×━━━━━━┃━━━━━×━━━━┃
  付与           行使  失効
```

SOも新株予約権の一種なので，基本的な会計処理は前述の新株予約権のそれと同様である。

(2) 権利確定日以前

① SOの付与日から権利確定日までは，従業員から取得する労働サービスを，その取得（期間等）に応じて，期末において**株式報酬費用**（費用）として計上するとともに，**新株予約権**（純資産）を計上する。

② 各期の計上額は，SOの公正な評価額を，対象勤務期間を基礎とする方法などの合理的な方法で配分して計算する。

③ 株式報酬費用＝SOの公正な評価単価*1×SO数*2

　*1　付与日で計算し，その後見直さない。なお，株式オプション価格算定モデルなどの評価法を活用する。

　*2 ⓐ　権利確定直前日まで
　　　　　SO数＝付与数－（権利不確定による）失効見積数

　　ⓑ　重要な変動があるとき
　　　　　変動に応じて見直し，差額はその期の株式報酬費用に含める。

　　ⓒ　権利確定日
　　　　　SO数＝権利確定数(に修正し，差額はその期の株式報酬費用に含める)

〔労働サービスの対価としてのSOの期末計上時〕
　　（借）**株式報酬費用**　×××　（貸）**新株予約権**　×××

(3) 権利確定日後

① 権利行使日

SOの権利が行使されたときには，新株予約権のうちその行使対応部分を，払込額と合せて，資本金（及び資本準備金）に振り替える。

■ 第2編　純資産会計

〔SOの権利行使時〕

(借)　**新株予約権**　×××　　(貸)　**資　本　金**　×××
　　　 (現金預金)　×××　　　　 (資本準備金)　×××

② 失　効　時

　SOの行使期間の経過などによって，権利が失効した場合には，それに対応する部分を新株予約権戻入益（収益）に振り替える。

〔SOの失効時〕

(借)　**新株予約権**　×××　　(貸)　**新株予約権戻入益**　×××

③ 例　　題

――〔設　例〕 ストック・オプション――――――――――

　甲社は，Ｘ１年６月の株主総会で役員等10人に対して，次の条件でストック・オプション（SO）を付与することを決議し，翌月１日に付与した。

① SO数：１人当たり100個（合計1,000個）

② 行使時に新株発行により交付される株数：合計1,000株

③ 行使時の（当座預金への）払込金額：１株当たり5,000円（全額資本金とする）

④ SOの権利確定日：×２年６月末日

⑤ SOの行使期間：×２年７月から×４年６月末

⑥ 付与日のSOの公正評価単価：500円/個

⑦ ×１年７月のSO付与時において，×２年６月末までに１人の退職による失効を見込んでいる。

⑧ ×２年６月末までに実際退職役員数は１人であった。

⑨ SOの他者への譲渡は禁止されている。

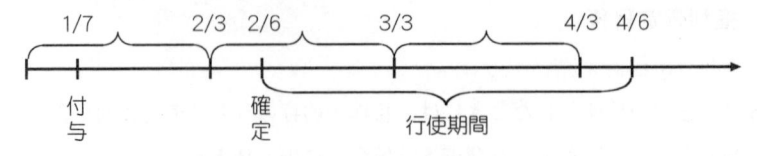

```
      1/7      2/3 2/6      3/3         4/3 4/6
    ┌──┴───┬──┴──┼──┴─────┬──┴──┐
               付           確         行使期間
               与           定
```

⑩ SOの実績

摘要	未行使数	失効(累)数	行使(累)数	備考
付与時	1,000	—	—	—
×2／3期	900	100		退職1人
×3／3期	700	100	200	行使2人
×4／3期	200	100	700	行使5人
×5／3期	0	200	800	行使1人，退職1人

〔解 答〕

① ×2年3月期

(借) 株式報酬費用　337,500*　(貸) 新株予約権　337,500

＊ 337,500＝(10人－1人)×500×100×9月÷12月

② ×3年3月期

(借) 株式報酬費用　112,500*　(貸) 新株予約権　112,500

＊ 112,500＝{(10人－1人)×500×100×12月÷12月}－337,500

(借) 新株予約権　100,000*1　(貸) 資本金　1,100,000*3
　　 当座預金　1,000,000*2

＊1　100,000＝100×2×500
＊2　1,000,000＝100×2×5,000
＊3　1,100,000＝100,000＋1,000,000

③ ×4年3月期

(借) 新株予約権　250,000*1　(貸) 資本金　2,750,000
　　 当座預金　2,500,000*2

＊1　250,000＝100×5×500
＊2　2,500,000＝100×5×5,000

④ ×5年3月期

(借) 新株予約権　50,000*1　(貸) 資本金　550,000
　　 当座預金　500,000*2

第2編　純資産会計

(借) 新 株 予 約 権　　50,000　　(貸) 新株予約権戻入益　　50,000 *3

* 1　50,000＝100×1×500
* 2　500,000＝100×1×5,000
* 3　50,000＝100×1×500

6　新株予約権付社債

(1) 意　　義

新株予約権付社債（corporate bond with subscription right）とは，新株予約権の付いた社債のことである。

(2) 変　　遷

従来の2001年改正前商法は，**普通社債**（straight bond：ＳＢ），**転換社債**（convertible bond：ＣＢ：転換権の付いている社債のこと）及び**新株引受権付社債**（warrant bond：ＷＢ：新株引受権の付いている社債のこと）について規定していたが，同年の改正によって，**新株予約権**と**新株予約権付社債**概念が導入されるとともに，従来の転換社債や新株引受権付社債は，新株予約権付社債に統合された。

❖　新株予約権付社債への統一化

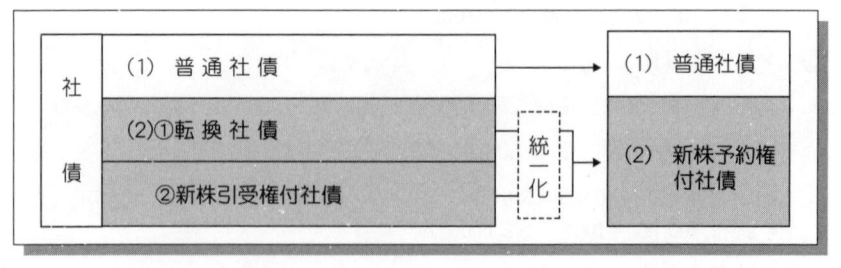

社債	(1) 普通社債	→	(1) 普通社債
	(2)① 転換社債	統一化	(2) 新株予約権付社債
	② 新株引受権付社債		

これに伴って改正前後のこれらの取扱いの内容を比較すると，次のとおりである。

❖ 新株予約権付社債と他の関係

2001年以前商法	2001年以後商法・会社法
① （分離型）新株引受権付社債	新株予約権と社債の同時募集・割当て（∴別々に（独立）処理）
② （非分離型）新株引受権付社債	新株予約権付社債
③ 転換社債	

(3) 種　　　類

新株予約権付社債の種類には，次の2つのものがある。

㋑　代用払込容認型新株予約権付社債

これは，権利の行使に際し，社債の全額を償還することに代えて，代用払込みが認められている社債のことである。

㋺　代用払込型新株予約権付社債

これは，新株予約権の行使の際に，社債の代用払込みがあったものとみなされる社債のことである。

これには，さらに①従来の転換社債と経済的実質が同一と考えられるもの（**転換社債型新株予約権付社債**）と，②それらが同一とは考えられないもの（**非転換社債型新株予約権付社債**）とがある。

(4) 処　　　理

新株予約権付社債の会計処理方法は，次のように整理される。

❖ 新株予約権付社債の処理方法

分　　　類		処理方法
(1)　代用払込容認型新株予約権付社債		区分法*1
(2)　代用払込型新株予約権付社債	①　転換社債と異なるもの（非転換社債型新株予約権付社債）	区分法*1
	②　転換社債と同一のもの（転換社債型新株予約権付社債）	一括法*2 又は区分法*1

■ 第2編 純資産会計

＊1 社債と新株予約権とを区別して処理する方法
＊2 社債と新株予約権とを一括して処理する方法
(出所) 岩崎 勇『新会計基準の仕組と処理』税務経理協会，91頁。

① 区分法（separate treatment method）

これは，次のように発行価額を，社債と新株予約権の部分に区分して処理する方法のことである。

❖ 区分法：発行会社側

摘　　要	仕　　　　　訳
①発　行　時	(借)　○　○　○　×××＊1　　(貸)　社　　　　債　×××＊2 (借)　○　○　○　×××　　　(貸)　新 株 予 約 権　×××＊3 (借)(社債発行費等)　×××＊4　(貸)　○　○　○　××× ＊1　前提：割引発行。定額法で償却する。 ＊2　額面金額－社債発行差額 ＊3　区分法により処理する場合のみ純資産の部に計上する。 ＊4　社債の発行費を要したとき
②権利行使時	(借)　○　○　○　×××　　　(貸)　資　本　金　××× 　　　新株予約権　×××＊2　　　　（株式払込剰余金）×××＊1 ＊1　全額を資本金に組み入れないとき ＊2　行使部分を資本金及び資本準備金（株式払込剰余金）に振替え
③利息支払時	(借)　社　債　利　息　×××　　(貸)　○　○　○　×××
④決　算　時	(借)　社　債　利　息　×××　　(貸)　社　　　　債　××× 　　　（社債発行費等償却）×××　　　　（社債発行費等）×××
⑤行使期間満了時	(借)　新 株 予 約 権　×××　　(貸)　新株予約権戻入益　×××＊ ＊　特別利益
⑥償　還　時	(借)　社　　　　債　×××　　　(貸)　○　○　○　××× なお，この他に利息の支払いや社債の発行差額の償却などの必要な処理も行う。

② 一括法（single treatment method）

これは，次のように発行価額を社債と新株予約権部分とに区分せず，普通社債と同様に処理する方法である。

第5章　その他の純資産項目

❖ 一括法：発行会社側

摘　要	仕　訳
①発 行 時	（借）○　○　○　×××　　（貸）新株予約権付社債　×××＊ ＊　発行価額を社債と新株予約権とに区分せずに処理する。
②転 換 時	（借）新株予約権付社債　×××　　（貸）資　本　金　××× 　　　　　　　　　　　　　　　　　　（株式払込剰余金）××× ＊　転換分だけ社債を減少させ，資本金（及び株式払込剰余金）を増加させる。
③償 還 時	（借）新株予約権付社債　×××＊　（貸）○　○　○　××× ＊　償還された社債を減少させる。

第3編

剰余金の配当等

第6章 剰余金の配当等

1 剰余金の配当等

(1) 意　　義
① 意　　義

　会社法上，会社財産の払戻しを生じさせる**剰余金の配当等**とは，剰余金の配当と自己株式の有償取得を合わせたもののことである。なお，前者の剰余金の配当に関する規制は一般に**配当規制**と呼ばれるが，後者の自己株式の有償取得も含む場合には，会社財産の払戻しという点で共通性があるので，**払戻規制**と呼んだ方が適切であろう。

　そして，前者の**剰余金の配当**とは，会社が株主に対する金銭等の分配すなわち旧商法における利益の配当，中間配当，資本金及び準備金の減少に伴う払戻し（例えば，有償での減資など）などのことであり，会社財産の払戻しである。また，これには利益性の財産（その他利益剰余金）のみならず，資本性の財産（その他資本剰余金）の払戻しを含むことを明確にするため，利益の配当という用語ではなく，**剰余金の配当**という用語を用いている。

　そして，会社法では，この剰余金の配当等が可能な金額（反対にいえば，配当等の制限額）を**分配可能額**（法461）という概念で規定している。

第3編　剰余金の配当等

❖ 剰余金の配当等

摘　要		具　体　例	原　資
剰余金の配当等（法453〜461）	(1) 剰余金の配当	① 利益の配当（旧商290）	その他利益剰余金
		② 中間配当（旧商293ノ5）	
		③ 資本金及び準備金の減少に伴う払戻し（旧商395，289）など	その他資本剰余金
	(2) 自己株式の有償取得（旧商210ノ2）		―

　このような統一的な財源規制が採られるのは，現金で自己株式を株主から取得するということは，株主への現金交付という点で配当と同様であるという考え方が背景にあり，実際既に米国の多くの州では，このような考え方に基づいて配当（dividend）規制と自社株の有償取得（repurchase）規制とを株主への分配（distribution）ないし払戻しに対する規制として統一化してきている。

　そこでは，日本と同様に資本剰余金と利益剰余金の区別の曖昧化がみられる。

② 目　的

　剰余金の配当規制ないし払戻規制がなされる目的は，物的な株式会社において，株主は有限責任のみしか負わず，債権者にとって会社に対する債権の唯一の財産的基礎は会社財産のみであるので，債権者を保護するために配当・払戻規制を設けているのである。

　また，剰余金の配当・払戻規制は，株主と債権者の間の利害調整を行い，それによって資金調達コストを始めとする利害調整コストを抑制するために設けられているとみることもできる。

(2) **配当の原資**

　前述のように剰余金の配当は，その原資として本来の利益の配当に該当する利益性のその他利益剰余金（繰越利益剰余金）と，本来，資本の払戻しの性質を持つ資本性のその他資本剰余金との2つのものがある。

第6章 剰余金の配当等

❖ 剰余金の配当の原資

摘　要	原　資	性　質
剰余金の配当の原資	① その他資本剰余金	資本の払戻し
	② その他利益剰余金	利益の配当

(3) 配当・払戻規定の主な変更点

❖ 配当・払戻規定の主な変更点

摘　要	旧　商　法	会　社　法
① 名　称	利益の配当	剰余金の配当等
② 範　囲	自己株式の有償取得を含まない	自己株式の有償取得を含む
③ 性　質	配当規制	払戻規制
④ タイミング	年2回（年次配当，中間配当）	何回でも（いつでも）
⑤ 配当財産	金銭配当等（等の内容は不明確）	金銭配当・現物配当の明文化
⑥ 配当決定手続き	年次配当（原則：定時株主総会），中間配当（取締役会）	配当（原則：定時・臨時株主総会），中間配当（取締役会）
⑦ 分配可能額	期末純資産をベースとする	期末純資産をベースとし，その後の剰余金の増減を加味
⑧ 臨時決算制度	なし	臨時決算制度の導入（その期間の損益を分配可能額に算入可能）
⑨ 基　準　日	決算日基準	効力発生日基準
⑩ 決算確定手続きとの関係	決算確定手続きと配当とが連動	両者が分離された
⑪ 利益の処分	利益処分案の承認	剰余金の配当などの個別議案の承認
⑫ 表　示	利益処分案	株主資本等変動計算書
⑬ 期間配当概念	有：期末配当，日割配当	無
⑭ 準備金積立超過額	別途積立金	別途積立金又は準備金

■ 第3編　剰余金の配当等

① 名　　称

　従来の商法では利益の配当であったが，会社法では剰余金の配当等になっている。

　なお，これは単なる名称の変更ではなく，その性質をより明確化・純化したものとなっている。すなわち，従来の商法では，利益の中に会計上の利益のみならず，その他資本剰余金を含むものとなっており，概念的に少し無理があった。他方，会社法では，剰余金という概念に変えており，これにはその他利益剰余金のみならず，その他資本剰余金も当然に入るので，概念的に無理がない。ただし，配当という概念は，狭義には利益配当を意味するので，資本性のその他資本剰余金の払戻しを含むのであれば，分配の方がより適切であろう。

② 範　　囲

　従来の商法では，自己株式の有償取得などは別個に規定されていたが，会社法では自己株式の有償取得も含んで剰余金の配当等として統一的に規定されている。

③ 性　　質

　従来の商法は，（広義の）利益配当についての規制であり，自己株式の有償取得を含まないので，その性質は配当（分配）規制と呼べるものであった。

　他方，会社法では，従来のものに加えて，自己株式の有償取得も含んだものとなっているので，会社財産の払戻しに関する払戻規定という性質のものに変わっている。

④ タイミング

　従来の商法では，年次配当と中間配当の年2回のみであったが，会社法ではいつでも何回でも配当できるようになり，四半期配当なども可能となっている。

⑤ 配 当 財 産

　従来の商法では，金銭配当のみが規定されていたが，会社法ではこの他に現物配当も明記されている。

⑥ 手 続 き

　従来の商法では，年次配当は定時株主総会，中間配当は取締役会で決定して

いたが，会社法では，配当は定時・臨時株主総会，中間配当は取締役会で決定することとなっている。

⑦　分配可能額

従来の商法では，期末の純資産をベースとして分配可能額を計算していたが，会社法では期末の純資産をベースとし，その後の剰余金の増減も加味して，それを計算することとしている。

⑧　臨時決算制度

従来の商法では，臨時決算制度はなかったが，会社法ではそれが導入されている。

⑨　基　準　日

従来の商法では，配当の基準日は決算日であったが，会社法では配当の効力発生日となっている。

⑩　決算確定手続きとの関連

従来の商法では，決算確定手続きと配当が連動していたが，会社法では，配当政策の柔軟化のために，両者は分離されている。

⑪　利益の処分

従来の商法では，利益の処分は包括的な全体としての利益処分案の承認としてなされていたが，会社法では剰余金の配当議案（や任意積立金の積立議案）などの個別議案の承認として行われる。

⑫　表　　示

従来の商法では，利益処分について利益処分案でその内容を表示したが，会社法では利益処分案が廃止されたので，株主資本等変動計算書でそれを表示している。

⑬　期間配当概念

従来の商法では，一定の期間に対応した配当という概念（期間配当概念：例えば，期末配当や日割配当）が存在した。

他方，会社法では，このような期間的な概念はなく，その配当時点の株主に剰余金の配当をするという時点的な概念に変わっている。

⑭ 準備金積立超過額

従来の商法では，配当に伴う利益準備金の（資本金の4分の1）積立超過額について，一般に任意（別途）積立金であると考えられていた。

他方，会社法では，株主総会の決議によって準備金の積立てができることとなったので，この積立超過額がすべて任意（別途）積立金となるとは限らなくなった。

(4) 統一的財源規制

会社法では，剰余金の配当等について，剰余金を源泉とする株主に対する財産の払戻しと捉え，**債権者保護**の観点から，**統一的**な財源規制すなわち財産の**払戻規制を課している**（法461①）。

このような財源規制の対象となるか否かは，次のように整理される。

❖ 統一的財源規制の対象等

分類					具体例	規制
剰余金の配当等	(1) 剰余金の配当				・利益の配当など	統一的財源規制の対象 Yes（対象）
	(2) 自己株式の取得	不可避的（義務的）取得	有償取得	No（不可避的ではない自己株式の取得）	Yes（自己株式の有償取得）	No（その会社の株式以外を対価とする）	1 自己株式の一般的な取得 2 全部取得条項付種類株式の取得 3 譲渡制限株式の取得 4 相続等の場合の会社の売渡請求による自己株式の取得 5 所在不明株主の株式の買取り 6 1株に満たない端数処理による買取り 7 取得請求権付株式の取得 8 取得条項付株式の取得	
				Yes	対価がその会社の（他の）株式であるとき	統一的財源規制の対象 No（対象外）
			No	—	自己株式の無償取得	
		Yes	①反対株主		合併などの反対株主の買取請求によるとき	
			②合併等		合併等によるとき	
			③単元未満株主		単元未満株主からの買取請求によるとき	

すなわち、剰余金の配当及び自己株式の（有償）取得は原則として統一的財源規制の対象となるが、例外的に自己株式の取得のうち、①不可避的・義務的取得、（②無償取得）及び③その会社の他の株式を対価とする取得については、財源規制の対象とならない。

(5) 純資産額配当規制
① 意　　義
　会社法上、従来の商法の最低資本金制度を廃止したことの代替措置として、債権者保護のために、配当規制の1つとして純資産額300万円以下の場合には、配当ができないこととした（**純資産額配当規制**）。
　これには、次のような入口規制と出口規制の2つのものがある。
　すなわち、①**入口規制としての純資産額配当規制**とは、剰余金の配当を行う前に純資産が300万円以下の場合には、分配を行えないという規制である。

※ 純資産額（300万円）分配規制

　また、②**出口規制としての純資産額配当規制**とは、剰余金の配当を行う場合、配当後において純資産が少なくとも300万円以上会社に留保されることを要求する規制である。
　具体的には、後の分配可能額の計算（第6章4(4)「その他控除額の概要」）のところで詳述するように、分配可能額の算定上、次の算式により計算される金額がプラスのときは、その金額分だけ剰余金の分配が規制され、その結果、純資産が300万円（以上）残るようになっている。

第3編 剰余金の配当等

〔純資産額（300万円）配当規制の算式〕
配当規制(不能)額＝300万円－{(資本金＋準備金)＋評価・換算差額＋新株予約権}

---

② 例　題

〔設　例〕　純資産額300万円配当規制

次の資料に基づき，次の問に答えなさい。
(1) 純資産額配当規制に基づく配当規制（不能）額はいくらか。
(2) 剰余金の分配可能額はいくらか。
1　甲社の貸借対照表は，次のとおりである。
　なお，期末日の剰余金は，その後分配決議日まで変動しなかった。

貸借対照表　　　　　（単位：万円）

資　産	1,000	負　債	600
		資　本　金	150
		その他利益剰余金	250
	1,000		1,000

〔解　答〕（単位：万円）

(1)　150*1　(2)　100*2

＊1　150＝300－150：純資産額300万円配当規制の金額，すなわちこの金額150万円と資本金150万円と合わせて300万円まで配当が規制される。
＊2　100＝250－(300－150)

---

(6) 配当の会計処理

① その他利益剰余金からの配当

㋐　内　　容

　本来の意味で利益の配当，すなわちその他利益剰余金（繰越利益剰余金）から配当を行う場合には，その他利益剰余金（繰越利益剰余金）の減少と，それ

に伴う**利益準備金**の積立て（原則として配当額の10分の1）に伴う増加の処理を行い，これは株主資本等変動計算書に記載する。

他方，この配当を受け取った株主は，**受取配当金**（収益）に計上する。

ロ　その他利益剰余金からの配当の処理

　　ⓐ　支　払　側

　　　・決　議　時

　　　（借）**繰越利益剰余金**　　×××＊　　（貸）未　払　配　当　金　　×××
　　　　　　　　　　　　　　　　　　　　　　　　利　益　準　備　金　　×××

　　　　＊　利益準備金の積立額も含む金額

　　　・支　払　時

　　　（借）未　払　配　当　金　　×××　　（貸）（現　金　預　金）　　×××

　　ⓑ　受　取　側

　　　（借）（現　金　預　金）　　×××　　（貸）**受　取　配　当　金**　　×××

ハ　例　　題

―〔設　例〕　その他利益剰余金からの配当―

　甲社は，定時株主総会でその他利益剰余金（繰越利益剰余金）から¥1,000の配当を行うことを決議し，同額を現金で支払った。これに伴い準備金¥100を積み立てた（なお，株主はこの配当金を受け取った）。

　①支払側及び②受取側の仕訳を行いなさい。

〔解　答〕

①　支　払　側

　　（借）繰越利益剰余金　　1,100　　（貸）未　払　配　当　金　　1,000
　　　　　　　　　　　　　　　　　　　　　　利　益　準　備　金　　　100
　　（借）未　払　配　当　金　1,000　　（貸）現　　　　　　金　　1,000

②　受　取　側

　　（借）現　　　　　　金　1,000　　（貸）受　取　配　当　金　　1,000

■ 第3編　剰余金の配当等

②　その他資本剰余金からの配当

　㋑　内　　　容

　本来的に，利益の配当ではなく，資本の払戻しの性質を持つ，その他資本剰余金からの配当を行う場合には，**その他資本剰余金**の減少と，それに伴う**資本準備金**の積立て（原則として配当額の10分の１）に伴う増加の処理を行い，これを**株主資本等変動計算書に記載**する。

　他方，この配当を受け取った株主は，配当対象となる株式が**売買目的有価証券である場合を除き**，原則として投資の払戻しとして捉え，**有価証券の帳簿価額の減額処理**を行う。

　ただし，売買目的有価証券の場合には，**受取配当金（売買目的有価証券運用損益）（収益）に計上**する。

　また，例外的に，次のように収益を計上することが合理的であるときには，受取配当金に計上することができる（適用指針３号）。

〔受取配当金に計上可能な具体例〕

---

①　配当対象となる有価証券を時価まで減損処理した期における配当

②　投資先企業を結合当事企業とした組織再編で，結合後企業からの配当に相当する留保利益がその再編直前に投資先企業に存在し，かつその留保利益を原資とする配当（ただし，配当を受取った株主が，その再編について投資先企業の株式交換損益を認識していないときに限る）　など

　㋩　その他資本剰余金からの配当の処理

　　ⓐ　支　払　側

　　　・　決　議　時

　　　（借）その他資本剰余金　　×××*　　（貸）未 払 配 当 金　　×××
　　　　　　　　　　　　　　　　　　　　　　　資 本 準 備 金　　×××

　　　　＊　資本準備金の積立額も含む金額

　　　・　支　払　時

　　　（借）未 払 配 当 金　　×××　　（貸）(現 金 預 金)　×××

ⓑ 受取側
- 売買目的有価証券以外のとき
(借)(現金預金)　×××　　(貸) その他有価証券　×××
- 売買目的有価証券などのとき
(借)(現金預金)　×××　　(貸) 受取配当金　×××

㈥ 例　題

──〔設　例〕　その他資本剰余金からの配当──
　甲社は，株主総会でその他資本剰余金（自己株式処分差額（益））から¥1,000の配当を行うことを決議し，同額を現金で支払った。また，これに伴って準備金¥100を積み立てた（なお，株主は，その他有価証券として株式を保有しており，配当を受取った）。
　①支払側及び②受取側の仕訳を行いなさい。

〔解　答〕
① 支払側
　(借) 自己株式処分差額　1,100　　(貸) 未払配当金　1,000
　　　　　　　　　　　　　　　　　　　　資本準備金　　100
　(借) 未払配当金　1,000　　(貸) 現　金　1,000
② 受取側
　(借) 現　金　1,000　　(貸) その他有価証券　1,000

COFFEE BREAK

● 受取配当の税務上の取扱い

　剰余金からの（受取）配当についての税務上の取扱いは，その配当の原資の区分に従って，次のとおりである。

① その他利益剰余金からの配当

　その他利益剰余金からの配当は，従来と同様に，受取配当金として処理する（法法23①）。

② その他資本剰余金からの配当

　その他資本剰余金からの配当は，従来と異なって，資本金等の額からの払戻しと利益積立金からの払戻しとに区分計算するものとなっている（法法24①，法令8①十九）。そして，前者は株式の譲渡対価となり，後者が受取配当金となる。

(7)　配当のタイミング

① 剰余金の配当

　会社法では，株主に対する**剰余金の配当**は，**決算の確定手続きと分離され**，いつでも何回でも株主総会の決議によって，これを決定・実施できるものとされ，配当の回数制限を撤廃し，配当の自由度が高まっている。

② 中 間 配 当

　会社法においては，従来の商法と同様に，取締役会設置会社（に限る）は，一事業年度の途中において，1回に限り**取締役会の決議**によって剰余金の配当（つまり**中間配当**）をする旨を定款で定め，これを行うことができる。ただし，これは**金銭配当**に限ることとされている（法454）。

❖ 剰余金の配当

摘　要	内　容
① 対　象	剰余金の配当
② 決定時期・機関	（原則）：定時株主総会又は臨時株主総会（いつでもOK，何回でもOK）
③ 決　議	（原則）：普通決議
④ 決算確定	決算の確定手続きとは分離されている
⑤ 中間配当	㋑中間配当制度（有），㋺金銭配当のみ，㋩取締役会設置会社のみ

COFFEE BREAK

● 税務上の（支払）配当の認識時期

　従来の税法では，（支払）配当の認識は当期の利益から利益処分（支払）があったものとして，当期の利益積立金額の減額を別表四に計上していた。

　他方，新しい会社法の成立によって，利益処分案が廃止されたことに伴って，配当の税務計算は，原則として配当の効力発生日基準で税務上の計算を行うこととなっている。すなわち，期末の確定配当についての認識時期は，従来より1期後の翌期の別表四に計上することとなっている。

---

(8) 配当財産

① 種　類

　会社法では，剰余金の配当についてその種類として**金銭配当**（金銭による配当のこと）の他に，**現物配当**（金銭以外の財産による配当のこと）も行えるこ

■ 第3編　剰余金の配当等

とが明記された（法453，454）。

② 決　　議

剰余金の配当は，原則として株主総会の普通決議によるが，例外として現物配当でかつ金銭分配請求権を与えない場合には，(現物配当の場合には即時換金性が乏しいので）株主総会の特別決議によることが要求されている。

❖　剰余金の配当

剰余金の配当	金銭配当			普通決議	金銭分配請求権の行使		―	金銭の配当
		Yes	金銭配当					
		No	現物配当	金銭分配請求権		Yes	① 市場価格のあるとき：最終取引価格など ② ①以外のとき：裁判所の決定額	
				有		No	―	現物配当
				無	特別決議（株主総会）			

③ 会 計 処 理

現物配当を行う場合には，原則として分配損益を認識するが，例外としてこれを認識しない場合もある。

㋑　損益を認識する場合

現物配当を投資の清算であると考えて，損益の認識を行う場合には，その効力発生日における配当財産の帳簿価額と時価との差額を，その期の**分配損益**として認識するとともに，配当財産の時価で**その他利益剰余金**（繰越利益剰余金）又は**その他資本剰余金**を減額する。

〔損益を認識する現物配当：分配益のケース〕

　　　（借）繰越利益剰余金　　×××　（貸）（配　当　財　産）　×××
　　　　　　（その他資本剰余金）　　　　　　　　　分　配　損　益　×××

㋺　損益を認識しない場合

現物配当に当たり損益の認識を行わない場合には，その効力発生日における配当財産の適正な帳簿価額を減少させるとともに，その額でその他利益剰余金

（繰越利益剰余金）又はその他資本剰余金を減少させる。

〔損益を認識しない現物配当〕

（借）繰越利益剰余金　　×××　　（貸）配当財産　×××
　　　（その他資本剰余金）

このように損益を認識しない場合の具体例としては，次のようなものがある。

―〔現物配当により分配損益を認識しないケース〕―
- イ　分割型分割の場合（按分型分割）
- ロ　保有子会社株式のすべてを株式数に応じて比例配当する場合（按分型配当）
- ハ　企業集団内企業への配当の場合
- ニ　公正な評価額を合理的に計算することが不能な場合など

ハ　例　題

―〔設　例〕　現物配当―
甲社は，有価証券（帳簿価額¥1,000，時価¥1,500）を株主に現物配当した。なお，配当原資は繰越利益剰余金であり，配当財産について損益の認識を行う。また，これに伴う利益準備金の積立てはない。

〔解　答〕

（借）繰越利益剰余金　　1,500　　（貸）有　価　証　券　　1,000
　　　　　　　　　　　　　　　　　　　分　配　損　益　　　500

2　剰余金の分配可能額の算定の概要

(1)　概　要

会社法においても，従来の商法と同様に，純資産額を基礎として剰余金の分配可能額を計算する。ただし，その計算方法などは，従来のものと大きく異なっている。

すなわち，会社法では，次の図で示すように，分配可能額は，まず①最終事業年度の末日の貸借対照表上の剰余金の額を計算し，それに，②期末日の翌日から配当の効力発生日（分配日）までの期中の剰余金の変動額を加減することによって，③配当の効力発生日の剰余金の額を計算し，これを基礎として，④これに一定の修正を行うことによって，⑤分配可能額を算定する，という**計算構造**になっている。

なお，会社法上，**最終事業年度**とは，各事業年度についての計算書類について，株主総会（ないし取締役会）の承認を受けた事業年度のうち最も遅いもののこと（つまり決算が確定している当期の前の事業年度のこと）である（法2㉔）。

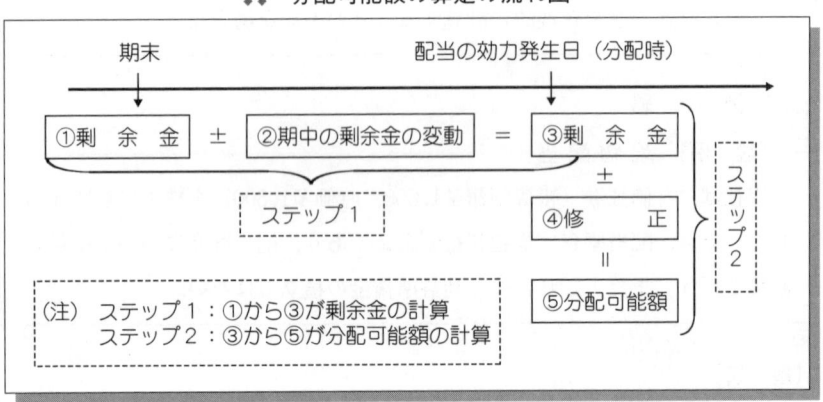

❖ 分配可能額の算定の流れ図

```
        期末              配当の効力発生日（分配時）
         ↓                        ↓
    ┌─────────┐   ┌──────────────┐   ┌─────────┐
    │①剰 余 金│ ± │②期中の剰余金の変動│ = │③剰 余 金│ ┐
    └─────────┘   └──────────────┘   └─────────┘ │
         └──────────┬──────────┘           ±       │ステップ2
              ステップ1                ┌─────┐    │
                                      │④修 正│    │
                                      └─────┘    │
                                         =        │
                                    ┌─────────┐   │
                                    │⑤分配可能額│  ┘
                                    └─────────┘
    (注) ステップ1：①から③が剰余金の計算
         ステップ2：③から⑤が分配可能額の計算
```

（出所） 岩崎　勇『新会社法会計の考え方と処理方法』税務経理協会，108頁。

(2) 分配可能額の計算ステップ

前述のように会社法では，分配可能額は，まず①期末日の貸借対照表上の剰余金の額を出発点として，そこから分配の前提となる（期末日ではなく）配当の効力発生日における剰余金の額を（会社法446条で）計算し（ステップ1），②それを基礎として，（会社法461条で）一定の修正を加えて配当の効力発生日における分配可能額を計算する（ステップ2）という**2段構えの計算構造**になっている。

3 剰余金の額

(1) 剰余金の額の意義

会社法上，剰余金の額は，基本的にその他資本剰余金とその他利益剰余金の合計額のことである。

---〔剰余金の額の基本的考え方〕---
剰余金の額＝その他資本剰余金＋その他利益剰余金

より具体的には，最終事業年度末日の（貸借対照表上の）剰余金の額に，末日後のその変動額を加味して剰余金の額を計算する。

---〔剰余金の額の基本的な計算方法〕---
剰余金の額＝最終事業年度末日の剰余金の額±それ以後の（剰余金）変動額

なお，この分配可能額の出発点となる剰余金の額の性質は，どちらかといえば，一般に公正妥当な会計慣行に従って計算される金額である。

(2) 最終事業年度末日の剰余金の額

① 会社法上の規定

前述のように，分配可能額を計算するための出発点としてまず期末日の剰余金の額を計算しなければならないが，会社法上，これを次のように計算することとしている（法446，計規177，178）。

---〔期末日の剰余金の額〕---
期末日の剰余金の額＝｛期末日の資産＋自己株式（簿価）｝
　　　　　　　　　－｛期末日の負債＋資本金・準備金＋期末控除額｝

そして，ここで**期末控除額**は，期末日の資産と自己株式（簿価）の合計額から，期末日の負債，資本金・準備金，その他資本剰余金及びその他利益剰余金

■ 第3編　剰余金の配当等

の合計額を差し引いた金額のことである（計規177）。すなわち，これは期末日の評価・換算差額等，新株予約権，新株式申込証拠金及び自己株式申込証拠金の合計額のことである。

これらを全て期末の貸借対照表上で表示すれば，次図のようになる。

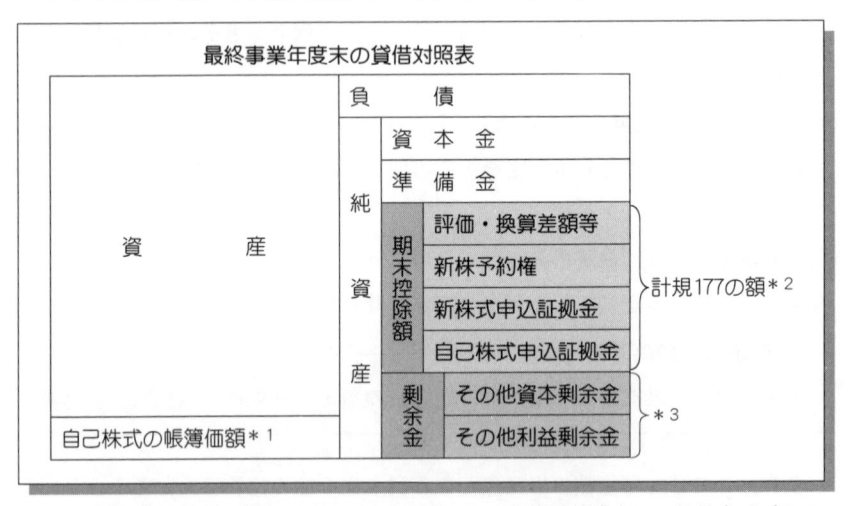

最終事業年度末の貸借対照表		
資　　　　産	負　　債	
	純資産	資　本　金
		準　備　金
		期末控除額 〔 評価・換算差額等／新株予約権／新株式申込証拠金／自己株式申込証拠金 〕 ｝計規177の額 *2
		剰余金 〔 その他資本剰余金／その他利益剰余金 〕 *3
自己株式の帳簿価額 *1		

* 1　貸借対照表上，貸方でマイナス表示されている自己株式を，一旦借方でプラスの表示にする。
* 2　会社計算規則第177条で規定されている**期末控除額**の内容。
* 3　分配可能額の前提として**期末日の（貸借対照表上の）剰余金**（＝その他資本剰余金＋その他利益剰余金）を計算する（前述：第6章2(1)の「分配可能額の算定の流れ図」の①剰余金の額を計算している）。

② 実務上の簡便法

以上のように，条文上の複雑な計算をしなければならないが，この計算結果は**必ず期末日の貸借対照表上のその他資本剰余金＋その他利益剰余金＝期末日の剰余金の額**となる。

したがって，実務上は前述の複雑な計算をすることなく，単に貸借対照表上のその他資本剰余金とその他利益剰余金を単純合計して期末日の剰余金の額を計算すれば，非常に簡単に計算することができる。

■ 第6章 剰余金の配当等

┌─〔期末日の剰余金の額の計算（実務上の簡便法）〕─────────┐
│　期末日の剰余金の額＝その他資本剰余金の額＋その他利益剰余金の額　│
└──────────────────────────────┘

　このうち，その他資本剰余金は，**株主の過去における払込額のうち，株主へ払い戻すことに関して債権者から了解を得ている部分**のことである。また，その他利益剰余金は，会社が期末までに稼得した利益の留保額のことであり，本来的な利益の配当の対象となるものである。

(3)　末日後の剰余金の変動額
①　会社法上の規定

　前述のようにして期末日の剰余金の額を計算したならば，次にその金額に，その翌日から配当の効力発生日までの次のような**末日後の剰余金の変動額を加減**して，配当の効力発生日における剰余金の額を計算する。

┌─〔末日後の剰余金の変動額〕──────────────────┐
│　①　加 算 項 目　　　　　　　　　　　　　　　　　　　　　　　│
│　　　㋑　（末日後の自己株式の処分時の）**自己株式の処分対価**　│
│　　　　　　－帳簿価額　（∴自己株式処分差損益）　　　　　　　　│
│　　　㋺　（末日後の）資本金の減少額（除く：準備金とした額）　　│
│　　　㋩　（末日後の）準備金の減少額（除く：資本金とした額）　　│
│　②　減 算 項 目　　　　　　　　　　　　　　　　　　　　　　　│
│　　　㋑　（末日後に）消却した自己株式の帳簿価額　　　　　　　　│
│　　　㋺　（末日後の）配当額等（すなわち，次の⒜，⒝，ⓒの合計額）│
│　　　　　⒜　配当財産の総額　　　　　　　　　　　　　　　　　　│
│　　　　　⒝　金銭分配請求権行使株主への交付金銭額　　　　　　　│
│　　　　　ⓒ　基準未満株主への支払金銭額　　　　　　　　　　　　│
│　　　㋩　末日後控除額（計規178の額）　　　　　　　　　　　　　│
└──────────────────────────────┘

　このように，前述の(1)最終事業年度の末日の貸借対照表上の剰余金の額に，

■ 第3編　剰余金の配当等

ここで説明した，(2)末日後の剰余金の変動額を加減して，(3)分配時の剰余金の額を計算する。

以上の関係を図示すれば，次のとおりである。

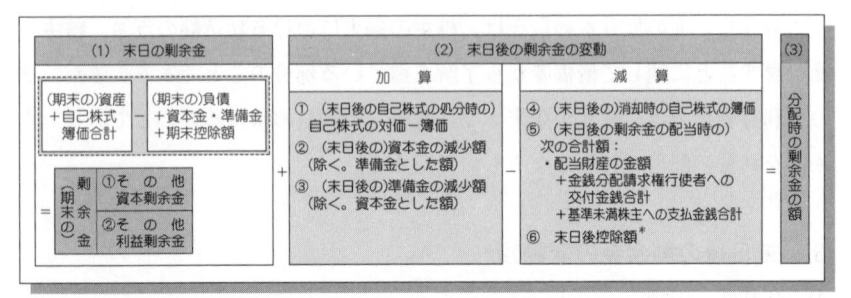

(1) 末日の剰余金	(2) 末日後の剰余金の変動		(3)
(期末の)資産 ＋自己株式 簿価合計 － (期末の)負債 ＋資本金・準備金 ＋期末控除額 ＝ 期末の剰余金 { ①その他資本剰余金 ②その他利益剰余金 }	加算 ① (末日後の自己株式の処分時の)自己株式の対価－簿価 ② (末日後の)資本金の減少額(除く。準備金とした額) ③ (末日後の)準備金の減少額(除く。資本金とした額)	減算 ④ (末日後の)消却時の自己株式の簿価 ⑤ (末日後の)剰余金の配当時の) 次の合計額： ・配当財産の金額 ＋金銭分配請求権行使者への交付金銭合計 ＋基準未満株主への支払金銭合計 ⑥ 末日後控除額*	分配時の剰余金の額

* 省令での**末日後控除額**（末日後に生ずる控除額）は，次のように，(1)から(3)までの合計額から(4)と(5)の合計額を控除して計算する（計規178）。

〔末日後控除額の算式〕

加算（剰余金の減少要因）	減算（剰余金の増加要因）	
(1) 末日後の剰余金の（資本金・準備金組入れに伴う）減少額*1 (2) （末日後の剰余金の配当に伴う）その他資本剰余金及びその他利益剰余金からの準備金積立額*2 (3) （末日後の吸収型再編に伴う自己株式の処分時の)自己株式の対価－簿価*3・4	(4) 末日後の吸収型再編に係る次の合計額*3 ①（吸収型再編資本剰余金額）－（吸収型再編直前資本剰余金額)*5 ②（吸収型再編利益剰余金額）－（吸収型再編直前利益剰余金額)*5 (5) 末日後の不公正な株式引受人の差額支払義務履行に伴う剰余金増加額	末日後控除額

*1　末日後の資本金・準備金組入れに伴う剰余金の減少額
*2　末日後の剰余金の配当に伴う準備金の積立額であり，これに伴って剰余金が減少する。
*3　(3)と(4)は，ペアで考える。
*4　末日後の**吸収型再編**（吸収合併，吸収分割及び株式交換のこと）に伴う自己株式の処分時の**自己株式処分差損益**のことであり，それを剰余金からマイナスしている。このような取扱いをする理由は，前述（剰余金の額の算式）の②「自己株式の対価－簿価」で，この分も含めて，既に（プラス）計上済みのものを，一旦ここでマイナスし（つまり，元に戻しないし±零にし）た後に，(4)で，改めてこの自己株式処分差損益を含めて剰余金の増加を足し込むためである。
*5　吸収型再編によるその他資本剰余金とその他利益剰余金の増加（減少）額を剰余金にプラス（マイナス）している。

(出所)　岩崎　勇『新会社法会計の考え方と処理方法』税務経理協会，111頁。

以下では，末日後の剰余金の変動額を計算する上でポイントとなる事項について解説をしていくこととする。

第6章 剰余金の配当等

② 剰余金の処分のみのケース

前述のように条文上はとても複雑にみえるが，通常は，剰余金の処分（及び自己株式の取得・消却）を除き，次のようなものはあまり生じない。

- 組織再編
- 減資（資本金の減少）
- 準備金の減少

それゆえ，剰余金の処分のみが行われる場合には，これに関連するもの（配当額と準備金積立額）を，期末日の剰余金の額から差し引けば，配当の効力発生日の剰余金の額が計算できる。

| 期末日の剰余金の額 | － | ① 剰余金の配当額
② 配当に伴う準備金積立額 | ＝ | 分配日の剰余金の額 |

〔ポイント〕 剰余金の配当
① 剰余金の配当は，剰余金からマイナス
② 配当に伴う準備金の積立ては，剰余金からマイナス

〔設 例〕 剰余金の処分

甲社の前期末日の剰余金は，1,000万円であり，それ以後の中間配当決定時までの間に，前期利益に対する確定配当としてその他利益剰余金（繰越利益剰余金）200万円の金銭配当とそれに伴う利益準備金の積立て20万円を行っている。

中間配当の効力発生日における剰余金の額はいくらか。

〔解 答〕（単位：万円）

780万円*

* 780＝1,000－(200＋20)

③ 自己株式の取得・処分・消却のあるケース

㋐ 自己株式の取得

期末日後における自己株式の取得は，剰余金に直接に影響をしないので，特

■ 第3編 剰余金の配当等

に処理はしない。

㊄ 自己株式の処分

期末日後に行われた自己株式の処分に伴う処分差損益については，（その他資本）剰余金が増減するので，一旦これを剰余金に加減する。

(注) なお，後述のように分配可能額の計算上これは反対の処理がなされ，分配可能額に影響させないようになっている。ただし，臨時決算をしたときのみ，自己株式の処分対価額を分配可能額に加算できる。

㊅ 自己株式の消却

期末日後に行われた自己株式の消却は，原則としてその他資本剰余金を原資として消却がなされ，剰余金を減少させると考えるので，その額（帳簿価額）を剰余金の額から差し引く。

(注) なお，後述のように最終的に分配可能額には影響を及ぼさないようになっている。

――〔ポイント〕 自己株式の取得・処分・消却――
① 自己株式の**取得**は，剰余金を増減させない（無関係）
② 自己株式の**処分**に伴う**差損益**は，剰余金に加減
③ 自己株式の**消却**は，（その簿価で）剰余金をマイナス

㊂ 例 題

――〔設 例〕剰 余 金――
次の資料に基づき分配可能額算定のための剰余金の額を計算しなさい。
1：ケース①　（期末金額，単位：万円）
資産3,000，自己株式500，負債700，資本金1,000，準備金300，評価・換算差額等300，新株予約権100，その他利益剰余金1,100
2：ケース②　（期末日後の変動：上記の続き）
期末日後の自己株式の処分（帳簿価額300，処分対価額500）

〔解　答〕（単位：万円）

1　1,100*[1]

2　1,300＊2

* 1　1,100＝(3,000＋500)－{700＋(1,000＋300)＋300＋100}
* 2　1,300＝1,100＋(500－300)

④　その他のケース

㋐　減資や準備金減少などのケース（図を参照）

前述のものの他に，期末日後において，減資や準備金の減少がなされ，かつ準備金（ⓑ）や資本金（ⓒ）としない場合には，その他資本剰余金（ⓐ，ⓓ）やその他利益剰余金（ⓔ）が増加することになるので，その額を剰余金の額に加算する。

反対に，剰余金を資本金や準備金に組み入れた場合には，その他資本剰余金（ⓕ，ⓖ）やその他利益剰余金（ⓗ）が減少するので，その額を剰余金の額から差し引く。

───〔ポイント〕　減資・準備金の減少など───
①　**減資**は，（資本準備金とした部分を除き）剰余金にプラス
②　**準備金の減少**は，（資本金とした部分を除き）剰余金にプラス
③　剰余金の**資本金・準備金への組入れ**は，剰余金からマイナス

❖　減資などで剰余金の増減するケース

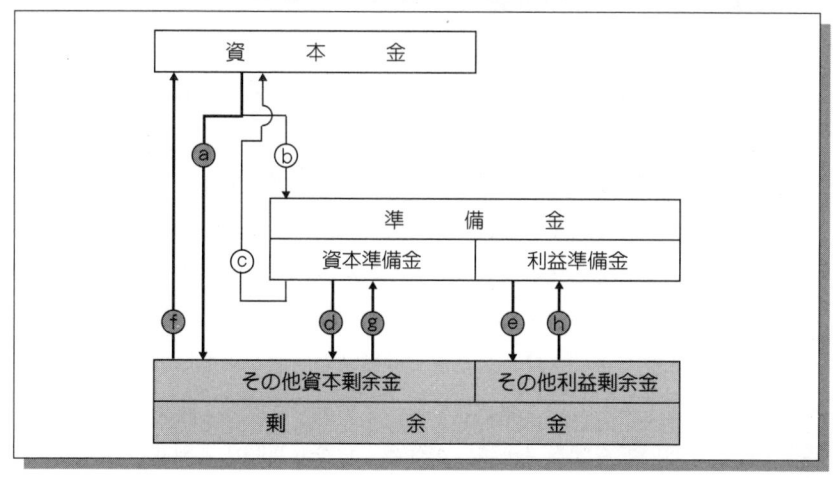

第3編 剰余金の配当等

(ロ) 例　題

―〔設　例〕減資などのある場合―――――
期末時：その他利益剰余金1,000万円

期末日後：資本金2,000万円及び資本準備金500万円の減少を行い，その他資本剰余金とした。

配当時の剰余金の額はいくらか。

〔解　答〕

配当時の剰余金3,500*万円

＊　3,500＝1,000＋2,000＋500

(ハ) 組織再編のあるケース

組織再編に伴ってその他資本剰余金やその他利益剰余金が増減した場合には，その金額を剰余金に加減する。

4　分配可能額

(1) 分配可能額の計算の概要

前述のように，配当の効力発生日における剰余金の額が計算されたならば，次にこの金額を基礎として一定の修正を加えて，剰余金の分配可能額を計算していくこととなる。

このように分配可能額の計算は，剰余金の額から出発する。

そして，この分配可能額の性質は，前述の剰余金の額が一般に公正妥当な会計慣行に基づいて決定される性質のものであるのに対して，**会社法固有の論理**に基づいて決定されるものである。

この場合注意すべきことは，会社法では従来の商法と異なって剰余金の配当は，決算の確定手続きと切り離されており，従来の定時株主総会に加えて，臨時株主総会においても配当（決議）が行え，しかも臨時決算制度の導入に伴っ

第6章 剰余金の配当等

て，臨時決算を行った期間の損益も分配可能額に反映できる，ということである。

このため，分配可能額の算定上，配当の効力発生日までの剰余金の変動や臨時決算による臨時計算書類上の損益なども反映することが必要となってくる。

すなわち，臨時計算書類の作成がある場合の分配可能額は，次の①の（前述のように計算した）分配時の剰余金の額をベースとして，それに②を加え，その合計額から③から⑥までの合計額を控除した金額である（法461）。

他方，臨時計算書類を作成しない場合には，このうち②と⑤の金額を除いて計算することとなる。

〔分配可能額の算式〕

加 算	減 算	
① 剰余金の額*1	③ 自己株式の帳簿価額*4	
（②）（臨時計算書類上の）㋑利益*2＋㋺処分した自己株式の対価額*3	④ 末日後に処分した自己株式の対価*5	＝ 分配可能額
	（⑤）臨時計算書類上の損失*2	
	⑥ その他控除額*6	

（加算 − 減算 ＝ 分配可能額）

* 1 前述のように計算した（最終事業年度の末日ではなく），配当の効力発生日の剰余金の額が**分配可能額のベース**（出発点）となる。
* 2 臨時決算をした場合，その期間の損益を分配可能額に反映できる。すなわち**利益は剰余金に加算**し，反対に**損失は剰余金から減算**する。
* 3 臨時決算をした場合，末日後（つまり臨時計算書類作成期間中）に処分した**自己株式の対価額を剰余金に**（プラス）反映できる。
* 4 自己株式は，資本（純資産）の控除項目なので，分配（効力発生日）時点で存在する**全て**（すなわち①期末日に存在していたものと②その後に取得したもの）の**自己株式**（の簿価）を剰余金から減算する。つまり，末日後の**自己株式の取得**は，その金額だけ**分配可能額を減少**させることとなる。
* 5 末日後に処分した**自己株式の対価額を減算する**（＊4の残高分と＊5の処分分の双方を含めて，すべての自己株式を剰余金からマイナスする。なお，＊5の処分対価は，＊3で述べたように，臨時決算をすれば，分配可能額に（プラス）反映できる）。
* 6 後述

（出所）岩崎 勇『新会社法会計の考え方と処理方法』税務経理協会，113頁。

■ 第3編　剰余金の配当等

以下では，分配可能額を計算する上でポイントとなる事項について解説をしていくこととする。

(2) 自己株式

① 自己株式（残高）のあるケース

配当時において自己株式（の残高）（のみ）がある場合には，自己株式は資本控除（減少）項目であり，かつ剰余金の額の計算において一旦その額にプラスしているので，配当時の剰余金から自己株式の帳簿価額を差し引いた金額が分配可能額となる。

――〔ポイント〕　自己株式（残高）――
・自己株式（残高）は，分配可能額の計算上マイナス

――〔設　例〕　自己株式のあるケース――
配当時の剰余金1,000万円，自己株式200万円

〔解　答〕

分配可能額　800万円*

＊　800＝1,000－200

② 末日後に処分した自己株式のあるケース

末日後に処分した自己株式（のみ）がある場合には，その対価額を配当時の剰余金から差し引いた金額が分配可能額となる。

ただし，臨時決算をした場合には，この末日後に処分した自己株式の処分対価額を分配可能額に算入（加算）することができる。

――〔ポイント〕　自己株式の処分――
① 末日後の自己株式の処分は，その対価額を分配可能額計算上マイナス
② 臨時決算時には，自己株式の処分対価額を分配可能額計算上プラス

第6章 剰余金の配当等

──〔設 例〕 末日後に処分した自己株式のあるケース──────

（本章3⑶②㈡例題「剰余金」の続き：期末自己株式500万円）配当時の剰余金1,300万円，期末日後の自己株式の処分対価額500万円（帳簿価額300万円），自己株式（残高）200万円

ケース①　臨時決算をしない場合
ケース②　臨時決算をした場合（この期の利益0円）

〔解　答〕

分配可能額　①　600万円*1，②　1,100万円*2

*1　600＝1,300－500－200
*2　1,100＝1,300＋500－500－200

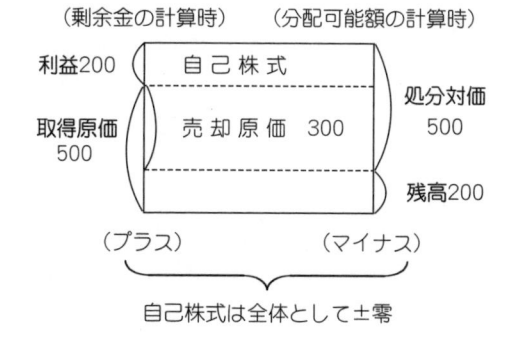

```
          （剰余金の計算時）   （分配可能額の計算時）
  利益200 ┌──────┬─自己株式─┐
          │          │          │ 処分対価
  取得原価│ 売却原価 300        │   500
    500   │          │          │
          └──────┴──────┘ 残高200
         （プラス）     （マイナス）
              自己株式は全体として±零
```

⑶　臨時決算をするケース

臨時決算をした場合には，その期間の損益を分配可能額に加減することができる。

さらに，前述のように，その期間中に処分した自己株式がある場合には，その（処分）対価額を分配可能額に反映（加算）することができる。

──〔ポイント〕臨 時 決 算──────
①　臨時決算時には，期間損益を分配可能額計算上加減（可能）
②　自己株式の処分対価額を加算（可能）

■ 第3編　剰余金の配当等

―〔設　例〕　臨時決算をするケース―
配当時の剰余金1,000万円，臨時決算利益500万円
分配可能額はいくらか。

〔解　答〕

分配可能額　1,500万円＊

＊　1,500＝1,000＋500

(4) その他控除額の概要

省令で定めるその他控除額は，次の①から⑧までの合計額から⑨と⑩の合計額を控除した金額である（計規186）。

第6章　剰余金の配当等

❖ その他控除額の算式

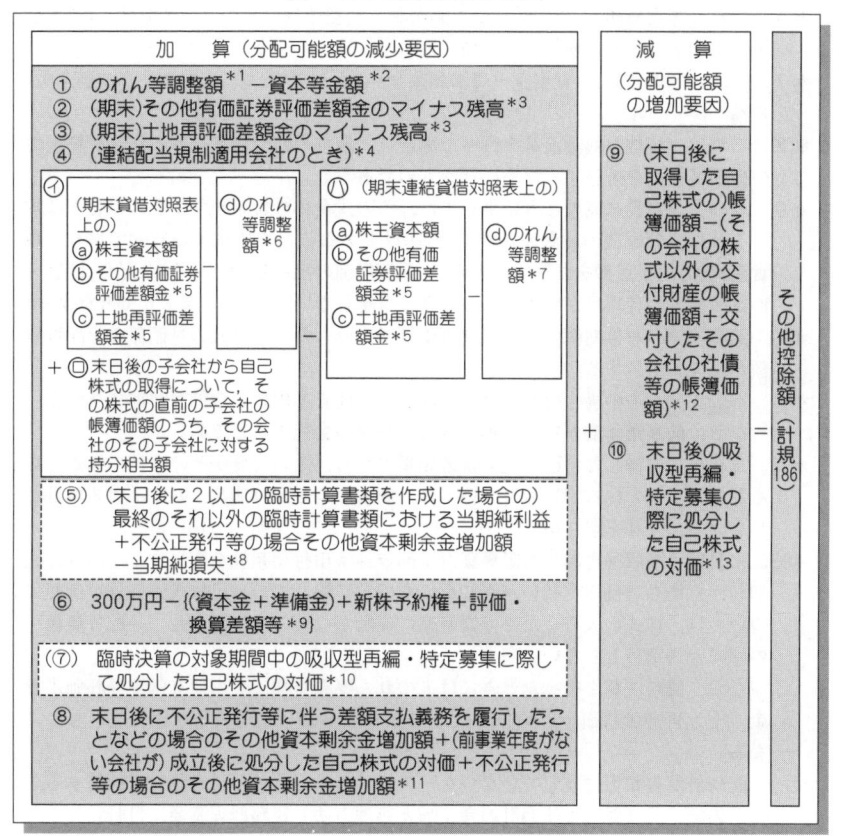

加　算（分配可能額の減少要因）	減　算（分配可能額の増加要因）	
① のれん等調整額*1 － 資本等金額*2 ② （期末）その他有価証券評価差額金のマイナス残高*3 ③ （期末）土地再評価差額金のマイナス残高*3 ④ （連結配当規制適用会社のとき）*4 　㋑（期末貸借対照表上の） 　　ⓐ 株主資本額 　　ⓑ その他有価証券評価差額金*5 　　ⓒ 土地再評価差額金*5 　　ⓓ のれん等調整額*6 　＋㋺ 末日後の子会社から自己株式の取得について，その株式の直前の子会社の帳簿価額のうち，その会社のその子会社に対する持分相当額 　－㊁（期末連結貸借対照表上の） 　　ⓐ 株主資本額 　　ⓑ その他有価証券評価差額金*5 　　ⓒ 土地再評価差額金*5 　　ⓓ のれん等調整額*7 ⑤ （末日後に2以上の臨時計算書類を作成した場合の）最終のそれ以外の臨時計算書類における当期純利益＋不公正発行等の場合その他資本剰余金増加額－当期純損失*8 ⑥ 300万円－｛（資本金＋準備金）＋新株予約権＋評価・換算差額等*9｝ ⑦ 臨時決算の対象期間中の吸収型再編・特定募集に際して処分した自己株式の対価*10 ⑧ 末日後に不公正発行等に伴う差額支払義務を履行したことなどの場合のその他資本剰余金増加額＋（前事業年度がない会社が）成立後に処分した自己株式の対価＋不公正発行等の場合のその他資本剰余金増加額*11	⑨ （末日後に取得した自己株式の）帳簿価額－（その会社の株式以外の交付財産の帳簿価額＋交付したその会社の社債等の帳簿価額）*12 ⑩ 末日後の吸収型再編・特定募集の際に処分した自己株式の対価*13	＝そ の 他 控 除 額（計規186）

* 1　**のれん等調整額**＝（期末）のれん×0.5＋（期末）繰延資産
* 2　**資本等金額**＝（期末）資本金＋（期末）準備金
　　なお，①の計算式は**のれん等調整額≦（資本等金額＋（期末）その他資本剰余金）**のケースを前提としたものである。そして，他のケースにおける金額は，後述のとおりである。
* 3　末日のその他有価証券評価差損と土地再評価差損の2つの項目は，分配可能額の算定上マイナスとする。
* 4　㋑と㋺の合計額から㊁を控除した額が零未満のときは，零。
　　この算式は，全体で連結配当規制適用会社に対する個別（単体）と比較して**連結を行った場合の連単剰余金差損額**を計算するものであり，その差損額を分配可能額からマイナスするためのものである。
* 5　その金額が零以上のときは零。すなわち，評価差損だけを分配可能額から控除

しようとするものである。
* 6　のれん等調整額＞（資本金＋資本剰余金＋利益準備金）のケースでは，（資本金＋資本剰余金＋利益準備金）の額
* 7　のれん等調整額＞（資本金＋資本剰余金）のケースでは，（資本金＋資本剰余金）の額
* 8　これは，複数の臨時決算を行った場合に，最終の臨時決算以外の臨時計算書類の当期純損益を排除するために行うものである。
* 9　その金額が零未満のときは零。また，この式全体の結果がマイナスのときは零。
　これは，分配後の純資産額が300万円以上あることを要求する算式であり，**純資産300万円不足額**を計算するもので，分配規制の出口規制である。ただし，評価・換算差額等の各項目がマイナスのときは考慮しない（つまり，零として計算する）。
* 10　臨時決算の対象期間中の吸収型再編等で処分した自己株式の対価額を分配可能額からマイナスする。
* 11　不公正発行等の場合の補填などに伴うその他資本剰余金増加額が加味される。
　なお，**前事業年度がない会社**とは設立当初の会社のことである。
* 12　末日後に取得した自己株式の帳簿価額のうち，その対価がその会社の株式であるときは，その株式相当額については，剰余金（分配可能額）のマイナス項目としないで，それを取り消す。
* 13　末日後の吸収型再編や**特定募集**（全部取得条項付種類株を取得すると同時に売却し，しかも対価の受払いが生じないもの）に際しての自己株式の処分対価額については，株式の入替えだけで資産額に変動がないので，剰余金（分配可能額）のマイナス項目としない。
　なお，**臨時決算**を行ったときには，のれん等調整額，その他有価証券評価差額金，土地再評価差額金，300万円分配規制の各金額は臨時貸借対照表上のものになる。

（注）　臨時計算書類を作成していないケースでは，⑤と⑦の項目を除いて計算する。
（出所）　岩崎　勇『新会社法会計の考え方と処理方法』税務経理協会，114頁。

　以下では，その他控除額の計算上ポイントとなる事項について解説する。

(5)　のれん等の存在するケース

①　内　　容

　従来の商法と異なって，会社法では，のれんの半額と繰延資産の全額について**配当規制**をしている。

　なお，これはのれん等調整額（＝（期末）のれん×0.5＋（期末）繰延資産）と資本等金額（＝（期末）資本金＋資本準備金＋利益準備金）との大小関係で，次のよう

に配当規制額が異なってくる。

　繰延資産については，分配可能額の計算上，原則として資産性を否定することによって資産として取り扱わず，減額するという取扱いをすることによって資本金や準備金という配当拘束額を超える額は，分配可能額としないとしている。

　ケース①：のれん等調整額≦資本等金額のケース➡配当規制額＝零

　このケースでは，のれん等調整額が資本等金額より小さく，問題がないので，配当規制額は零である。逆にいえば，これ以外のケース（次のケース②，③）では，配当規制が課される。

　ケース②：のれん等調整額≦(資本等金額＋その他資本剰余金)のケース（ケース①を除く）➡配当規制額＝のれん等調整額－資本等金額

　このケースでは，（ケース①は除かれるので）のれん等調整額が資本等金額より多いが，その超過額がその他資本剰余金の範囲内なので，その超過額をそのまま配当規制額とする。

　なお，のれんの規制額を半分（0.5）とする理論的な根拠に特別なものはないが，のれんの価値を半分とみなした上での取扱いであろう。

　ケース③：のれん等調整額＞(資本等金額＋その他資本剰余金)のケース

　これは，のれん等調整額が資本等金額とその他資本剰余金の合計額を超過するケースであり，さらに，のれんの半額が資本等金額及びその他資本剰余金の合計額を超えているか否かによって，次の2つのケースに細分される。

　ⓐ　のれん×0.5≦(資本等金額＋その他資本剰余金)のケース➡配当規制額
　　　＝のれん等調整額－資本等金額

　これは，のれんの半額が，資本等金額とその他資本剰余金の合計額より小さいケース，すなわち多額ののれんが生じていないケースである。

　この場合には，のれんの半額は，それが資本等金額を超過する全額が規制対象となり，前述のケース②と同様に計算した金額が配当規制額となる。

■ 第3編　剰余金の配当等

ⓑ　のれん×0.5＞（資本等金額＋その他資本剰余金）のケース ➡ 配当規制額
　＝その他資本剰余金＋繰延資産

　これは，のれんの半額が，資本等金額とその他資本剰余金の合計額を超過しているケース，すなわち合併などの組織再編によって多額ののれんが生じているケースである。

　この場合には，のれんの半額の配当規制額は，それが資本等金額を超過する額のうち，その他資本剰余金の範囲内で打ち切られ，その他資本剰余金と繰延資産の合計額が配当規制額となる。

　以上の関係を図示すれば，次のとおりである。

❖　のれん等調整額と配当規制

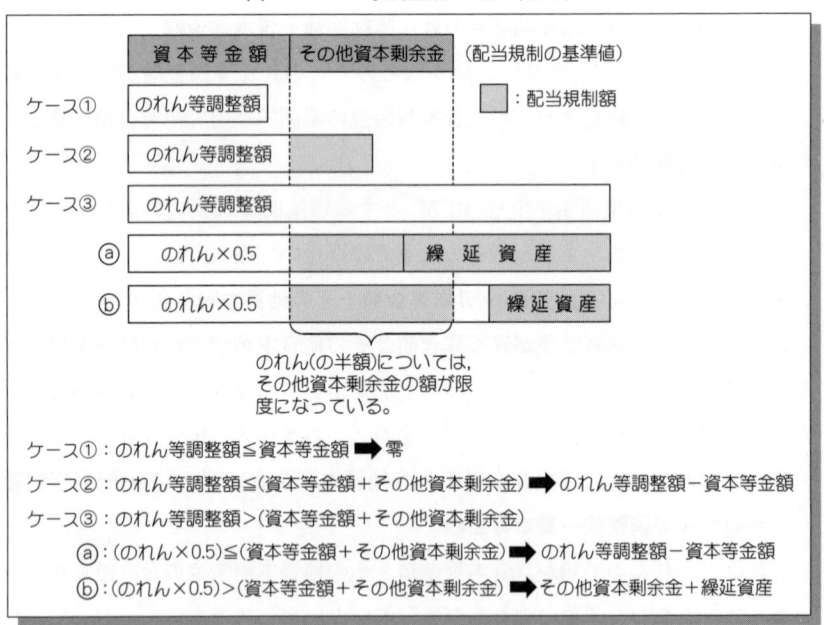

```
           資本等金額   その他資本剰余金   （配当規制の基準値）
ケース①   のれん等調整額                  ▒▒ ：配当規制額
ケース②   のれん等調整額
ケース③   のれん等調整額
     ⓐ    のれん×0.5              繰 延 資 産
     ⓑ    のれん×0.5                        繰 延 資 産
```

　　　　　のれん（の半額）については，
　　　　　その他資本剰余金の額が限
　　　　　度になっている。

ケース①：のれん等調整額≦資本等金額　➡　零
ケース②：のれん等調整額≦（資本等金額＋その他資本剰余金）➡　のれん等調整額－資本等金額
ケース③：のれん等調整額＞（資本等金額＋その他資本剰余金）
　　　ⓐ：（のれん×0.5）≦（資本等金額＋その他資本剰余金）➡　のれん等調整額－資本等金額
　　　ⓑ：（のれん×0.5）＞（資本等金額＋その他資本剰余金）➡　その他資本剰余金＋繰延資産

第6章 剰余金の配当等

―〔設 例〕のれん等調整額―

次の各ケースにおけるのれん等に関する配当規制額（分配可能額の計算上控除される金額）を計算しなさい（単位：万円）。

資本金2,000，準備金1,700，その他資本剰余金1,300

ケース①　のれん2,000，開業費1,000

ケース②　のれん4,000，開業費2,000

ケース③　のれん12,000，開業費2,000

〔解　答〕（単位：万円）

① なし*1

② 300*2

③ 3,300*3

　*1　$(2,000 \times 0.5 + 1,000) > (2,000 + 1,700)$なので

　*2　$300 = (4,000 \times 0.5 + 2,000) - (2,000 + 1,700)$

　*3　$(12,000 \times 0.5) > (2,000 + 1,700 + 1,300)$なので，

　　　∴　$3,300 = 1,300 + 2,000$

(6) その他有価証券評価差損・土地再評価差損

期末日に存在するその他有価証券評価差損・土地再評価差損の2つは，分配可能額算定上マイナスする。これらの評価損益は，株主資本に属しないので，そもそも剰余金の計算上は算入しない。しかし，実質的に差損が生じ，純資産が毀損しているので，保守主義的な観点からこの段階でマイナスする。

ただし，反対にこれらに評価差益が生じている場合には，単なる未実現利益（含み益）として，剰余金の額の計算の段階からその金額に含めず，また当然に分配可能額にも含めないので注意する。

また，同じ評価・換算差額等に属する繰延ヘッジ損失についてはマイナスしないことにも注意する。

さらに，従来の商法において分配規制が課されていた売買目的有価証券評価益については，会社法上，その配当規制が撤廃されている。

第3編 剰余金の配当等

❖ 評価・換算差額等の分配可能額計算上の取扱い

① その他有価証券評価差損額＊ ② 土地再評価差損額＊	分配可能額算定上控除	する
③ 繰延ヘッジ損失＊		しない

＊ 益については，純資産額300万円分配規制で考慮する。

〔設 例〕 その他有価証券評価差損など

配当時の剰余金1,000万円，その他有価証券評価差額金（損）100万円，土地評価差額金（損）200万円，繰延ヘッジ損失300万円

分配可能額はいくらか。

〔解 答〕

分配可能額　700万円＊

＊ 700＝1,000－(100＋200)　なお，繰延ヘッジ損失は配当規制の適用外である。

(7) 連結配当規制

従来の商法と異なって，会社法では，任意に連結配当規制を適用することができる。

すなわち，いわゆる**連単剰余金差額**（つまり連結剰余金が単体剰余金より小さい場合の両者の差額のこと）を分配可能額から控除することができる，という規定である。

〔設 例〕 連結配当規制

分配可能額はいくらか。
① 個別貸借対照表：株主資本額2,000万円，その他有価証券評価差額金（益）1,000円
② 連結貸借対照表：株主資本額1,600万円，その他有価証券評価差額金（益）1,000万円
③ 配当時の（個別）剰余金1,000万円

〔解　答〕

　分配可能額　600万円＊1

　＊1　600＝1,000－400＊2
　＊2　400＝2,000－1,600

　なお，その他有価証券評価差額金がプラスのときには，計算上，無視（零）とする。

(8)　2回以上の臨時決算

　最終事業年度の末日後2回以上臨時決算を行い，臨時決算書類を作成した場合，臨時決算は，**最終事業年度の末日後から（分割的ではなく）累積的に臨時期間損益が(累積)計算される**ので，最終の臨時決算以外の臨時計算書類の当期純損益を排除する（つまり臨時計算書類の当期純損益の重複計上を排除する）ことが必要となる。

──〔ポイント〕　2回以上の臨時決算──
① 　最終臨時決算以外の臨時当期純利益を分配可能額計算上マイナス
② 　最終臨時決算以外の臨時当期純損失を分配可能額計算上プラス

──〔設　例〕　2回以上の臨時決算──
　分配可能額を計算しなさい。
　配当時の剰余金1,000万円，臨時当期純利益500万円（うち300万円は最終臨時決算以外の臨時当期純利益である）

〔解　答〕

　分配可能額　1,200万円＊

　＊　1,200＝1,000＋(500－300)

(9)　純資産額（300万円）配当規制

　これについては，前述（☞第6章1(5)「純資産額配当規制」）のとおりである。

第3編 剰余金の配当等

〔設 例〕（分配可能額の計算）

次の資料に基づいて，①期末剰余金の額，②分配時の剰余金の額，③のれん等分配規制額，④評価・換算差額等の分配規制額，⑤（300万円）純資産分配規制額，⑥分配可能額を計算しなさい（単位：万円）。

1　　　　　　　　　最終期末の貸借対照表

繰 延 資 産	170	負　　　　債	600
そ の 他 資 産	830	資　本　金	120
		資 本 準 備 金	20
		利 益 準 備 金	20
		その他利益剰余金	250
		自 己 株 式	△100
		その他有価証券評価差額金	△20
		土地再評価差額金	110
	1,000		1,000

2　期末日後から分配日までの自己株式の処分（原価50，売価100）

〔解　答〕（単位：万円）

①期末剰余金の額　　250，　②分配時の剰余金　300*1

③のれん等分配規制額　10*2，④評価・換算差額等の分配規制額　20*3

⑤純資産分配規制額　　30*4，⑥分配可能額　90*5

* 1　300＝250＋(100−50)
* 2　10＝170−(120＋20＋20)
* 3　その他有価証券評価額のマイナス額
* 4　30＝300−(120＋20＋20＋110)　なお，評価・換算差額等のマイナス項目は無視する。
* 5　90＝300*−50**(自己株式)−100(自己株式の処分対価)−10*2−20*3
　　　−30*4
　　＊　300＝250＋(100−50)，　＊＊　50＝100−50

■ 第6章 剰余金の配当等

COFFEE BREAK

● 分割型分割と配当規制

　従来の商法では，会社分割には分社型分割（物的分割：分割対価を分割企業に支払うもの）と分割型分割（人的分割：分割対価を分割企業の株主に支払うもの）とがあった。

　他方，新会社法では，分割型分割は廃止され，まず分社型分割がなされ，そして分割会社の株主に対して承継（新設）会社の株式だけを配当財源とする現物配当が行われたものと整理された（法758, 763）。

> 分割型分割＝分社型分割＋剰 余 金 の 配 当
> （人的分割）（物的分割）（子会社株式の現物配当）

　なお，この場合，分割会社の株主に交付される財産が，承継（新設）会社の株式の場合には，剰余金の配当についての統一的財源規制は課されない。

5　配当に伴う準備金の計上

(1) 概　　要

　会社法では，債権者の保護のために，従来の商法と同様（ただし，10分の1以上ではなく，10分の1になった）に，準備金の額が資本金の4分の1の金額（基準資本金額という）に達するまで，次のような計算によって原則として剰余金の配当の10分の1（要積立額が10分の1より少ない場合には，その額）を資本準備金又は利益準備金として積み立てることとしている。

なお、どちらの準備金を積み立てるのかは、その配当原資による。すなわち、その他資本剰余金からの配当は資本準備金を、そしてその他利益剰余金からの配当は利益準備金を積み立てることとなる。

なお、積立金額について端数が生じた場合には、この積立てが会社法で強制されている積立義務なので、円位未満を切り上げて計上する。また、この準備金はいつでも全額を取り崩すことが可能である。

※ 配当に伴う準備金の計上額

摘　　　要	内　　　　　容
(1) 意　　義	配当に伴って準備金を積み立てるもの
(2) 目　　的	債権者の保護
(3) 基　　準	基準資本金額：資本金の4分の1の金額
(4) 積立限度	基準資本金額に達するまで
(5) 積立額	① 原則：剰余金の配当の10分の1 ② 例外：要積立額が10分の1より少ない場合には、その額
(6) 積立項目	資本準備金又は利益準備金
(7) 項目決定基準	配当原資によって、積み立てるべき準備金を決定
(8) 端数処理	円未満の端数は切上げ
(9) 取崩し	いつでも全額の取崩し可能

(2) 一般的なケース

① 利益準備金のみの積立てのケース

⑦ 内　　容

配当は、本来、利益からなされるべき性質のものである。それゆえ、このような性質のその他利益剰余金（のみ）から配当がなされるのが通常である。この場合には、会社法上、原則としてその配当額の10分の1を利益準備金として積み立てる必要がある。

㊁ 例　題

――〔設　例〕利益準備金の積立て――――――――――――――
　甲社は，株主総会の決議で繰越利益剰余金のうち1,000万円の配当を決議した。なお，必要な準備金を積み立てるものとする。
――――――――――――――――――――――――――――

〔解　答〕（単位：万円）
　（借）繰越利益剰余金　　1,100　　（貸）（未払）配当金　　1,000
　　　　　　　　　　　　　　　　　　　　利益準備金　　　　 100*

　＊　100＝1,000×0.1

② 資本準備金のみの積立てのケース

　利益からの配当が行えない場合，制度上，会社は，本来資本の払戻しの性質を有するその他資本剰余金からの配当を行うことができることとなっている。

　この場合には，会社法上，その他利益剰余金の配当と同様に，その配当額の10分の１を資本準備金として積み立てる必要がある。

(3) 複雑なケース

　会社が利益（その他利益剰余金）の配当と資本（その他資本剰余金）の配当（払戻し）の双方（剰余金の配当）を同時に行う場合には，会社法上，次のように準備金を計算して，積み立てなければならないこととなっている。

① 配当に伴う資本準備金の計上額

　剰余金の配当を行う場合には，剰余金の配当後の資本準備金の額は，その直前の金額に，次の各ケースに応じた金額を加算した額である（計規45）。

　　㋑　配当日の準備金が基準資本金額以上のケース：零

　　　　準備金≧基準資本金

　　このケースでは，既に準備金が法定積立額（である基準資本金）以上であるので，これ以上の準備金の積立ては不要という状況である。

　　㋺　配当日の準備金が基準資本金額未満のケース：次のいずれか少ない額に

■ 第3編　剰余金の配当等

資本剰余金配当割合〔剰余金の配当をした場合の，ⓐ配当財産の帳簿価額の総額，ⓑ現物配当に対して金銭分配請求権を行使した株主への交付金銭総額及びⓒ基準未満株主への支払金銭総額の合計額のうち，会社がその他資本剰余金から減ずべき額と定めた額（つまり**その他資本剰余金からの配当金支払額**）を，上記のⓐⓑⓒの合計額で除して得た割合のこと〕を乗じて得た額

ⅰ）剰余金の配当日における**準備金計上限度額**（基準資本金額から準備金を控除した金額のこと）*1

ⅱ）次の合計額の10分の1の額*2

　ⓐ　配当財産の帳簿価額の総額
　ⓑ　金銭分配請求権を行使した株主への交付金銭総額
　ⓒ　基準未満株主への支払金銭総額

　　*1　資本金の4分の1の金額まで準備金を積み立てるための限度額
　　*2　通常はⓐの金額だけである。

❖ 準備金積立額の計算の考え方

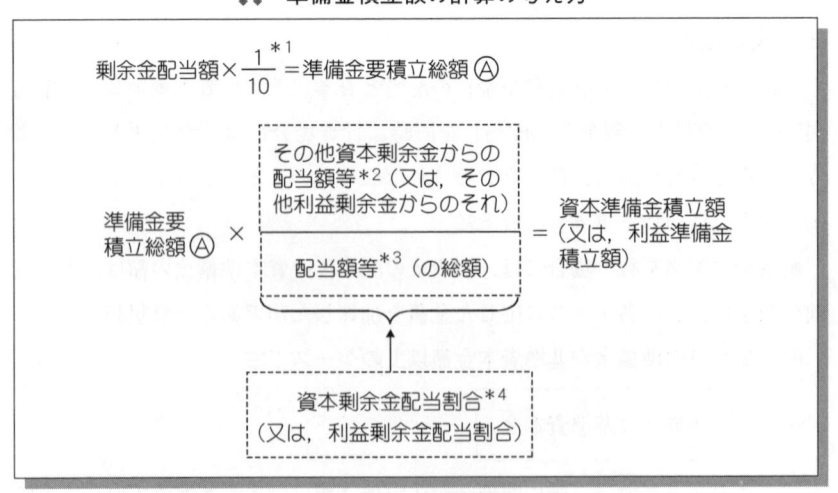

$$剰余金配当額 \times \frac{1}{10}{}^{*1} = 準備金要積立総額 Ⓐ$$

$$準備金要積立総額 Ⓐ \times \frac{その他資本剰余金からの配当額等{}^{*2}（又は，その他利益剰余金からのそれ）}{配当額等{}^{*3}（の総額）} = 資本準備金積立額（又は，利益準備金積立額）$$

　　　　　　↑
　資本剰余金配当割合*4
　（又は，利益剰余金配当割合）

*1　基準資本金額に達するまで
*2　その他資本剰余金（又は，その他利益剰余金）からの配当額
*3　（現物配当時の）交付金銭額と基準未満株主への金銭支払額を含む。

＊4　全額がその他資本剰余金（又はその他利益剰余金）から配当されているときには，これは1となり，結果として単に配当額の10分の1を準備金として積み立てればよい，ということになる。

② 配当に伴う利益準備金の計上額

剰余金の配当を行う場合，剰余金の配当後の利益準備金の額は，その配当直前の利益準備金に，次の各区分に応じ，各区分の金額を加算した金額である（計規45）。

　㋑　配当日の準備金が基準資本金額以上の場合：零

　　　　準備金≧基準資本金　（考え方は資本準備金のそれと同じ）

　㋺　配当日の準備金が基準資本金額未満の場合：次のいずれか小さい額に**利益剰余金配当割合**〔上記①㋺ⓐⓑⓒの合計額のうち会社がその他利益剰余金から減ずべきと定めた額（つまり**その他利益剰余金からの配当金支払額**）を，上記①㋺ⓐⓑⓒの合計額で除した割合のこと〕を乗じて得た額

　　ⅰ）剰余金の配当日における準備金計上限度額

　　ⅱ）次の合計額の10分の1の額

　　　ⓐ　配当財産の帳簿価額総額

　　　ⓑ　金銭分配請求権を行使した株主への交付金銭総額

　　　ⓒ　基準未満株主への支払金銭総額

③ 例　題

─〔設　例〕　準備金の積立て─────────────

　甲社（資本金10,000，資本準備金1,000，利益準備金500，その他資本剰余金1,000，その他利益剰余金1,500）は，剰余金の配当1,500（その他資本剰余金から500，その他利益剰余金から1,000）を決議した。なお，必要な準備金を積み立てるものとする（単位：万円）。

■ 第3編　剰余金の配当等

〔解　答〕（単位：万円）

(借)　その他資本剰余金　　　550*1　　(貸)(未払)配当金　　　1,500
　　　その他利益剰余金　　1,100*2　　　資 本 準 備 金　　　　50*3
　　　　　　　　　　　　　　　　　　　利 益 準 備 金　　　　100*4

*1　550＝500＋50
*2　1,100＝1,000＋100
*3　$50 = 150^* \times \dfrac{500}{1,500}$

　① $10,000 \times \dfrac{1}{4} = 2,500$（基準資本金額）

　　$2,500 - (1,000 + 500) = 1,000$（積立不足額）

　② $1,500 \times \dfrac{1}{10} = 150$（配当額の$\dfrac{1}{10}$）

　　①と②のうち，どちらか小さい方　∴150*

*4　$100 = 150^* \times \dfrac{1,000}{1,500}$

　*　150（上記*3と同じ）

第7章 剰余金の処分

(1) 意　　義

　会社は，株主総会の普通決議によって，損失の処理，任意積立金の積立て，その他の**剰余金の処分**を行うことができる（法452）。

　ただし，前述の剰余金の資本金組入れ，剰余金の準備金組入れ，剰余金の配当，その他会社財産を処分するものを除く。

　したがって，会社財産の流出を伴うものは，これには含まれない。

　すなわち，ここでの剰余金の処分は，剰余金の内部での項目の増減ないし内部振替えのことを意味している。

(2) 内　　容
① 内　　容

　会社は，会社法上，株主総会の決議によって，**損失の処理**や任意積立金の積立て・取崩しというような（内部留保としての）**利益の処分**などその他の剰余金の処分（**剰余金内部での科目振替**ないし**剰余金の内訳の変更**）を行うことができる。

■ 第3編　剰余金の配当等

❖　剰余金の処分

（広義）剰余金の処分	(1) 資本金の増加等	① 剰余金の資本金組入れ ② 剰余金の準備金組入れ
	(2) 剰余金の配当	
	(3) 財産の処分	
	(4) 狭義：（その他の）剰余金の処分	① 損失の処理 ② 任意積立金の積立て ③ その他＊

＊　これには，例えば，任意積立金の目的取崩しなどが考えられる。

② 決 定 事 項

㋑ 原　　　則

剰余金の処分に関して，次のことを原則として株主総会で決定する必要がある（計規181）。

　ⓐ　増加剰余金項目
　ⓑ　減少剰余金項目
　ⓒ　処分する各剰余金項目の額

そして，これらの内容は，株主資本等変動計算書上で表示される。

㋺ 例　　　外

例外として，次のような場合には株主総会の決議によらないで剰余金項目の増減ができる（計規181②）。

　ⓐ　法令・定款の規定による剰余金項目の増減

　　　例えば，税法（法令）規定による圧縮積立金や税法上の準備金の積立て・取崩し，定款規定による任意積立金の積立て・取崩しなど。

　ⓑ　株主総会の決議によらないで剰余金項目の増減をすべきと株主総会で決議したとき

　　　例えば，特定目的の積立金をその目的のために取り崩す場合など。

③ 損失の処理

会社法上，損失の処理に関して**欠損填補**についての定義はないが，一般に繰

越損失がある（つまりその他利益剰余金がマイナスである）場合，その他資本剰余金などでその損失を減少させることと考えられている。

第4編

株主資本等変動計算書

第8章 株主資本等変動計算書

1 株主資本等変動計算書の意義

(1) 概　　要

　資本ないし純資産の変動について，従来の商法では，（当期純利益及び当期未処分利益の明細を示す損益計算書を除き）いわゆる利益処分案について，その作成と承認を求めていた。

　他方，会社法では，これに代えて，純資産全体についての期中の増減変化とその残高を明示するために，計算書類の1つとして株主資本等変動計算書の作成を求めている。

※ 資本（純資産）の部の変動計算書（除く，損益計算書）

摘　　要	旧　商　法	新　制　度
資本（純資産）の部の変動計算書	いわゆる利益処分案	株主資本等変動計算書

(2) 導入理由

　前述のように，利益処分案が廃止され，その代わりに株主資本等変動計算書が導入された主な背景は，次のような理由によって，純資産の部の変動についての透明性を確保する必要が生じたからである。

第4編　株主資本等変動計算書

① 新しい会社法の改正によって，例えば，いつでも資本の部の計数の変動が可能となったり，またいつでも剰余金の配当等を行うことができるようになったことなどの結果として，頻繁に純資産の部の構成要素の変動が生じ，この状況を明示する計算書が必要となったこと。

② 損益計算書を経由せず純資産の部に直接に計上される項目すなわち純資産（資本）直入（ちょくにゅう）項目（例えば，その他有価証券評価差額金など）が，今後とも増加する可能性があること。

③ 商法（や会社法）の改正に伴って自己株式の取得が原則自由となった結果，今後ますます自己株式の取得・処分・消却が増加する可能性があることなど。

❖ 株主資本等変動計算書導入の理由

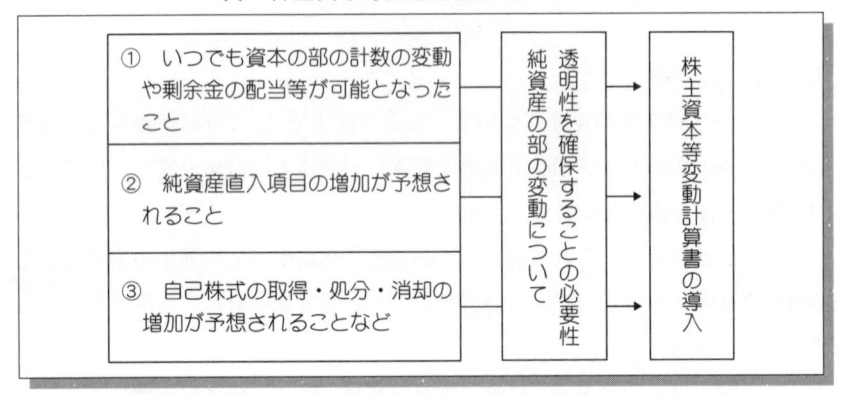

① いつでも資本の部の計数の変動や剰余金の配当等が可能となったこと	純資産の部の変動について	透明性を確保することの必要性	→	株主資本等変動計算書の導入
② 純資産直入項目の増加が予想されること			→	
③ 自己株式の取得・処分・消却の増加が予想されることなど			→	

(3) 関連変更

株主資本等変動計算書の導入に伴う主な変更点は，次のとおりである。

① 資本の部を廃止し，純資産の部が導入されたこと
② 利益処分案を廃止し，株主資本等変動計算書が導入されたこと
③ 損益計算書の末尾が当期純利益となったこと
④ 連結剰余金計算書を廃止し，連結株主資本等変動計算書が導入されたことなど

2　作成目的・処理及び表示

(1) 作 成 目 的

　株主資本等変動計算書を作成する目的は，貸借対照表の純資産の部の一会計期間における変動額のうち，主として株主資本の各項目の変動事由と金額を報告するために作成するものである。

　すなわち，この計算書はストックとしての純資産について，その期中のフローとしての増減変化とその残高を明らかにするためのものであり，いわゆる純資産変動計算書としての性質を持っている。この計算書の作成・表示によって，**純資産の期首の金額と期末の金額との連続性が確保・明示**される。

❖　株主資本等変動計算書と貸借対照表の関係

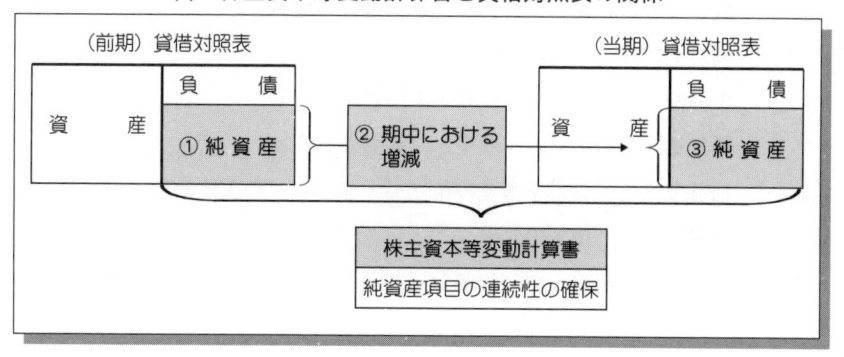

（前期）貸借対照表　　　　　　　　　　　（当期）貸借対照表

資　産 ｜ 負　債 / ①純資産　→　②期中における増減　→　資　産 ｜ 負　債 / ③純資産

株主資本等変動計算書
純資産項目の連続性の確保

(2) 計 上 項 目

　この株主資本等変動計算書に計上される項目は，純資産の部に増減変化をもたらすすべての項目であるが，その主な具体例は，次のとおりである。

① 株主資本関係項目
　・ 新株の発行（資本金等の増減）
　・ 資本準備金やその他資本剰余金の減少による資本金の増加（資本金

等の増減）
- 資本金の減少による資本準備金やその他資本剰余金の増加（資本金等の増減）
- 資本（利益）準備金の減少によるその他資本（利益）剰余金の増加（資本金等の増減）
- その他資本（利益）剰余金の減少による資本（利益）準備金の増加（資本金等の増減）
- 当期純利益（損失）の計上
- 自己株式消却額（資本金等の増減）
- 自己株式処分差損益（資本金等の増減）
- 土地再評価差額金取崩額（資本金等の増減）
- 減資による繰越欠損填補額（資本金等の増減）
- 剰余金の配当（利益の処分）
- 中間配当（従来，損益計算書末尾表示項目）
- 任意積立金の積立て・取崩し（利益処分など）
- 利益準備金・資本準備金の積立て・取崩し（利益処分など）
- 損失の処理（損失の処理）
- 自己株式の取得・消却・処分（とそれに伴う資本剰余金の増減）など

② **評価・換算差額等関係項目**
- その他有価証券（の期末時価評価）
- 繰延ヘッジ取引
- 再評価土地の減損など

③ **新株予約権関係項目**
- 新株予約権の発行・取得・行使・失効など

(3) 表示区分

　この計算書の表示区分は，次のように①**株主資本**，②**評価・換算差額等**及び③**新株予約権**に 3 区分される（計規127）。これは，前述の**貸借対照表**の表示区分と同様で，両者には**対応関係**がある。

❖　株主資本等変動計算書

```
Ⅰ　株主資本
　　1　資　本　金　　　　　　　　　　　　　　×××
　　2　新株式申込証拠金　　　　　　　　　　　×××
　　3　資 本 剰 余 金
　　　①　資 本 準 備 金　　　　　　　×××
　　　②　その他資本剰余金　　　　　　×××　　×××
　　4　利 益 剰 余 金
　　　①　利 益 準 備 金　　　　　　　×××
　　　②　その他利益剰余金
　　　　　○○積　立　金　　×××
　　　　　繰越利益剰余金　　×××　　×××
　　5　自　己　株　式　　　　　　　　　　　△×××
　　6　自己株式申込証拠金　　　　　　　　　　×××　×××
Ⅱ　評価・換算差額等
　　1　その他有価証券評価差額金　　　　　　　×××
　　2　繰延ヘッジ損益　　　　　　　　　　　　×××
　　3　土地再評価差額金　　　　　　　　　　　×××
　（4　為替換算調整勘定）＊　　　　　　　　（×××）×××
Ⅲ　新株予約権　　　　　　　　　　　　　　　　×××
（Ⅳ　少数株主持分）＊　　　　　　　　　　　　　　（×××）
　　　純 資 産 合 計　　　　　　　　　　　　　　×××
```

　＊　連結株主資本等変動計算書の場合のみ。

　上記Ⅰが**株主資本**に関する部分であり，株主からの出資額と損益計算書を経由して計上された利益の留保額に関連するものを示すものである。

　そして，Ⅱが**その他の包括利益**に関連する部分であり，ⅠとⅡを合わせた金額が経営分析ではしばしば**自己資本**とされる部分である。

　さらに，Ⅲが将来において払込資本の一部となりうるものである。

(4) 表示方法

この計算書の表示方法は、次のように株主資本とそれ以外の部分とで、その方法が異なっている。

① 株主資本の項目

株主資本に属する各項目は、前期末残高、当期変動額及び当期末残高に区分し、かつ当期変動額については、変動事由ごとにその変動額及び変動事由を表示する。すなわち、ここでは**総額表示法**が適用される。

なお、従来の損益計算書の当期純利益及びそれ以下の項目は、その他利益剰余金又はその内訳科目である繰越利益剰余金の変動事由として表示される。

② 株主資本以外の項目

株主資本以外の各項目(すなわち評価・換算差額等及び新株予約権に属する各項目)については、前記の株主資本と比較して有用性が低いので、前期末残高、当期変動額及び当期末残高に区分し、かつ当期変動額については**純額(株主資本以外の項目の当期変動額)**で表示する。すなわち、ここでは、**純額表示法**が適用される。ただし、この場合にも企業が自主的に主要な変動額と変動事由を明らかにすることを禁止するものではなく、それができることとなっている。

❖ 株主資本等変動計算書の表示方法

		摘 要		表 示 方 法	
株主資本項目	Yes	(1) 株主資本の項目	① 前期末残高 ② 当期変動額 ③ 当期末残高	当期変動額の表示方法	総額表示法
	No	(2) 株主資本以外の項目			純額表示法

(5) 様 式

この計算書の様式(「企業会計基準適用指針第9号:株主資本等変動計算書に関する会計基準の適用指針」(一部変更)より引用)には、次の2つのものがあるが、一般には、前者の横書様式が採用されている。

第8章 株主資本等変動計算書

① 横書様式:純資産の各項目を横に並べる様式

株主資本等変動計算書
自平成○○年○月○日 至平成△△年△月△日

(単位:円)

	株主資本									評価・換算差額等			新株予約権	純資産合計*3
	資本金	資本剰余金			利益剰余金				自己株式	株主資本合計*3	その他有価証券評価差額金	繰延ヘッジ損益	評価・換算差額等合計*3		
		資本準備金	その他資本剰余金	資本剰余金合計*3	利益準備金	その他利益剰余金*1		利益剰余金合計*3							
						××積立金	繰越利益剰余金								
前期末残高	×××	×××	×××	×××	×××	×××	×××	×××	△×××	×××	×××	×××	×××	×××	×××
当期変動額															
新株の発行	×××	×××		×××						×××					×××
剰余金の配当					×××		△×××	△×××		△×××					△×××
当期純利益							×××	×××		×××					×××
自己株式の処分									×××	×××					×××
××××××															
株主資本以外の項目の当期変動額(純額)											*5 ×××	*5 ×××	*5 ×××	*5 ×××	×××
当期変動額合計	×××	×××	—	×××	×××	×××	×××	×××	×××	×××	×××	×××	×××	×××	×××
当期末残高	×××	×××	×××	×××	×××	×××	×××	×××	△×××	×××	×××	×××	×××	×××	×××

* 1 その他利益剰余金については、その内訳項目の前期末残高、当期変動額及び当期末残高の各合計額及び個別株主資本等変動計算書の各金額を注記により開示することができる(第 4 項参照)。この場合、その他利益剰余金については、その内訳項目の前期末残高、当期変動額及び当期末残高の各合計額を記載する。
* 2 評価・換算差額等については、その内訳項目の前期末残高、当期変動額及び当期末残高の各合計額及び個別株主資本等変動計算書の各金額を注記により開示することができる(第 5 項参照)。この場合、評価・換算差額等については、その内訳項目の前期末残高、当期変動額及び当期末残高の各合計額を記載する。
* 3 各合計欄の記載は省略することができる。
* 4 株主資本の各項目の変動事由及びその金額の記載は、概ね個別貸借対照表における表示の順序による。
* 5 株主資本以外の各項目は、当期変動額を純額で記載することを原則とする。また、変動事由ごとにその金額を個別株主資本等変動計算書に記載する場合には、概ね株主資本の各項目に関係する変動事由の次に記載する。表示することができる(第 9 項から第12項参照)。変動事由ごとにその金額を表示する場合には、変動事由に関係する変動事由の次に記載する。

■ 第4編 株主資本等変動計算書

② **縦書様式**：純資産の各項目を縦に並べる様式

株主資本等変動計算書

自〇〇年〇月〇日　至△△年△月△日　　　（単位：円）

株主資本			
資　本　金	前期末残高		×××
	当期変動額	新株の発行	×××
	当期末残高		×××
資本剰余金			
資本準備金	前期末残高		×××
	当期変動額	新株の発行	×××
	当期末残高		×××
その他資本剰余金	前期末残高及び当期末残高		×××
資本剰余金合計(＊3)	前期末残高		×××
	当期変動額		×××
	当期末残高		×××
利益剰余金			
利益準備金	前期末残高		×××
	当期変動額	剰余金の配当に伴う積立て	×××
	当期末残高		×××
その他利益剰余金(＊1)			
×××積立金	前期末残高及び当期末残高		×××
繰越利益剰余金	前期末残高		×××
	当期変動額	剰余金の配当	△×××
		当期純利益	×××
	当期末残高		×××
利益剰余金合計(＊3)	前期末残高		×××
	当期変動額		×××
	当期末残高		×××
自　己　株　式	前期末残高		△×××
	当期変動額	自己株式の処分	×××
	当期末残高		△×××
株主資本合計	前期末残高		×××
	当期変動額		×××
	当期末残高		×××
評価・換算差額等(＊2)			
その他有価証券			
評価差額金	前期末残高		×××
	当期変動額(純額)(＊4)		×××

第8章 株主資本等変動計算書

繰延ヘッジ損益	当期末残高	×××
	前期末残高	×××
	当期変動額(純額)(*4)	×××
	当期末残高	×××
評価・換算差額等合計(*3)	前期末残高	×××
	当期変動額	×××
	当期末残高	×××
新株予約権	前期末残高	×××
	当期変動額(純額)(*4)	×××
	当期末残高	×××
純資産合計(*3)	前期末残高	×××
	当期変動額	×××
	当期末残高	×××

*1 その他利益剰余金については，その内訳科目の前期末残高，当期変動額及び当期末残高の各金額を注記により開示することができる。この場合，その他利益剰余金の前期末残高，当期変動額及び当期末残高の各合計額を個別株主資本等変動計算書に記載する（第4項参照）。

*2 評価・換算差額等については，その内訳科目の前期末残高，当期変動額及び当期末残高の各金額を注記により開示することができる。この場合，評価・換算差額等の前期末残高，当期変動額及び当期末残高の各合計額を個別株主資本等変動計算書に記載する（第5項参照）。

*3 各合計欄の記載は省略することができる。

*4 株主資本以外の各項目は，変動事由ごとにその金額を記載することができる。この場合，個別株主資本等変動計算書又は注記により表示することができる（第9項から第12項参照）。

注：期中における変動がない場合には，「前期末残高及び当期末残高」のみを表示することができる。

(6) 例　題

〔設　例〕　株主資本等変動計算書

次の資料に基づいて，A社の株主資本等変動計算書を横書様式で作成しなさい。

1　A社は，X1年4月1日に新株発行による増資¥5,000を行い，全額

当座預金への払込みを受け，資本金¥3,000，資本準備金¥2,000を計上した。
2　X1年6月の株主総会でその他利益剰余金から配当金¥700の支払いと利益準備金¥70の積立てを決議し，現金で支払った。
3　X1年9月に自己株式¥800を現金で取得し，そのうち¥500部分を¥700で処分し，現金を受取った。
4　X2年3月期に当期純利益¥2,000を計上した。
5　X2年3月末におけるその他有価証券の評価差額（益）は¥120（繰延税金負債¥80）である。
6　A社の期首の貸借対照表の純資産の部は，次のとおりであった。

貸 借 対 照 表（一部）
X1年4月1日現在　　　　　　　　（単位：円）

〔純資産の部〕
Ⅰ　株 主 資 本
　1　資　本　金　　　　　　　　　　　　　40,000
　2　資本剰余金
　　(1)　資 本 準 備 金　　　3,000
　　(2)　その他資本剰余金　　2,000　　　5,000
　3　利益剰余金
　　(1)　利 益 準 備 金　　　2,000
　　(2)　その他利益剰余金　　3,000　　　5,000　　　50,000

第8章 株主資本等変動計算書

〔解 答〕

株主資本等変動計算書

(単位:円)

摘要	株主資本									評価・換算差額等*1		純資産合計*2
	資本金	資本剰余金			利益剰余金			自己株式	株主資本合計*2	その他有価証券評価差額金	評価・換算差額等合計*2	
		資本準備金	その他資本剰余金	資本剰余金合計*2	利益準備金	その他利益剰余金	利益剰余金合計*2					
期首残高*3	40,000	3,000	2,000	5,000	2,000	3,000	5,000	−	50,000	−		50,000
当期変動額												
1 新株発行	3,000	2,000		2,000					5,000			5,000
2 剰余金の配当					70	△770	△700		△700			△700
3 自己株式の取得								△800	△800			△800
自己株式の処分			200	200				500	700			700
4 当期純利益						2,000	2,000		2,000			2,000
5 株主資本以外の項目の当期変動額*4										120		120
当期変動額合計	3,000	2,000	200	2,200	70	1,230	1,300	△300	6,200	120		6,320
当期末残高*5	43,000	5,000	2,200	7,200	2,070	4,230	6,300	△300	56,200	120		56,320

* 1 評価・換算差額等
* 2 これらの合計の記載は省略できる。
* 3 前期末貸借対照表の残高と一致する。
* 4 これは、株主資本項目以外の項目を純額で表示するための**定型的な目出し(項目)**である。
* 5 当期末貸借対照表の残高と一致する。

〔解 説〕

1 (借)当 座 預 金　5,000　　(貸)資　本　金　3,000
　　　　　　　　　　　　　　　　　資 本 準 備 金　2,000

2 (借)その他利益剰余金　770　(貸)現　　　金　700
　　　　　　　　　　　　　　　　　利 益 準 備 金　 70

3 (借)自 己 株 式　800　　(貸)現　　　金　800
　　　　現　　　金　700　　　　自 己 株 式　500
　　　　　　　　　　　　　　　　その他資本剰余金　200
　　　　　　　　　　　　　　　　(自己株式処分差益)

4 (借)損　　　益　2,000　　(貸)その他利益剰余金　2,000
　　　　　　　　　　　　　　　　(当 期 純 利 益)

第4編 株主資本等変動計算書

5 （借）投資有価証券　　200　　（貸）その他有価証券評価差額金　　120
　　　　　　　　　　　　　　　　　　繰延税金負債　　80

第5編

組織再編

第9章 組織再編としての企業結合と事業分離

1 組織再編としての企業結合と事業分離

(1) 意　義
① 意　義

　① **組織再編**（business reorganization）とは，**企業再編**とも呼ばれ，合併，会社分割，株式交換，株式移転，現物出資などによって企業組織を再編成することであり，それは，企業ないし企業集団の経営を効率的に行うことなどを目的とするものである。

　会社法では，組織再編行為として，組織変更（例えば，合資会社から株式会社への変更など），合併（吸収合併・新設合併），会社分割（吸収分割・新設分割），株式交換，株式移転の5つ（ないし7つ）を法形式の観点から分類し，規定をしている。

　組織再編を大きく分類すれば，企業組織を結合すること（**企業結合**）や企業組織（事業）を切り離すこと（**事業分離**）などがある。ケースによっては，ある組織再編が企業結合と事業分離の双方に該当することもある。

　ここに，**企業結合**（business combinations）とは，ある企業（又はそれを構成する事業）と他の企業（又はそれを構成する事業）とが新たに1つの報告単位に統合されること（つまり財務諸表が一体化されること）である（財規8）。

■ 第5編　組織再編

これには，法形式上例えば，合併，会社分割，事業譲渡，現物出資，株式交換，株式移転などがある。

この企業結合については，企業会計審議会から「企業結合に係る会計基準の設定に関する意見書」(**企業結合会計意見書**)，「企業結合に係る会計基準」(**企業結合会計基準**) が2003年10月に，及び企業会計基準委員会から「企業結合会計基準及び事業分離等会計基準に関する適用指針」(**適用指針**) が2005年12月に公表され，2006年4月以降強制適用されている。

他方，**事業分離**（business split）とは，ある企業を構成する事業を，他の企業（新設される企業を含む）に移転することである（財規8）。

この事業分離については，企業会計基準委員会から「事業分離等に関する会計基準」(**事業分離等会計基準**) 及び前述の**適用指針**が2005年12月に公表され，2006年4月以降強制適用されている。

❖　組織再編行為と会計基準

組織再編行為	会　計　基　準	
① 企　業　結　合	企業結合会計基準	適用指針
② 事　業　分　離	事業分離等会計基準	

なお，会社法上の組織再編会計についての主な規定は，公正な会計慣行によって，どのような場合にどのような会計処理を選択すべきかという決定を前提として，個々のケースにおいて承継する財産の取得原価や株主資本を適切に処理を行うのに必要となる調整的な項目である株主資本，のれん及び株主の特別勘定などについて規定している。特に，**株主資本の構成項目**（資本金，資本準備金，その他資本剰余金など）**の増減額の決定**は，**会社法固有の専決事項**なので，会社法で詳細な規定がなされている。反対に，上述のものに直接関連しない事項，例えば，移転損益や交換損益の認識などについては基本的に規定をしていない。

② 両基準の関係

企業結合会計基準と事業分離等会計基準とは密接に関連し合っており，例え

第9章 組織再編としての企業結合と事業分離

ば，会社分割（分社型吸収分割：甲社がB事業を乙社に移転）のケースで説明すれば，次図のとおりである。

企業結合会計基準と事業分離等会計基準の関係（吸収分割のケース）

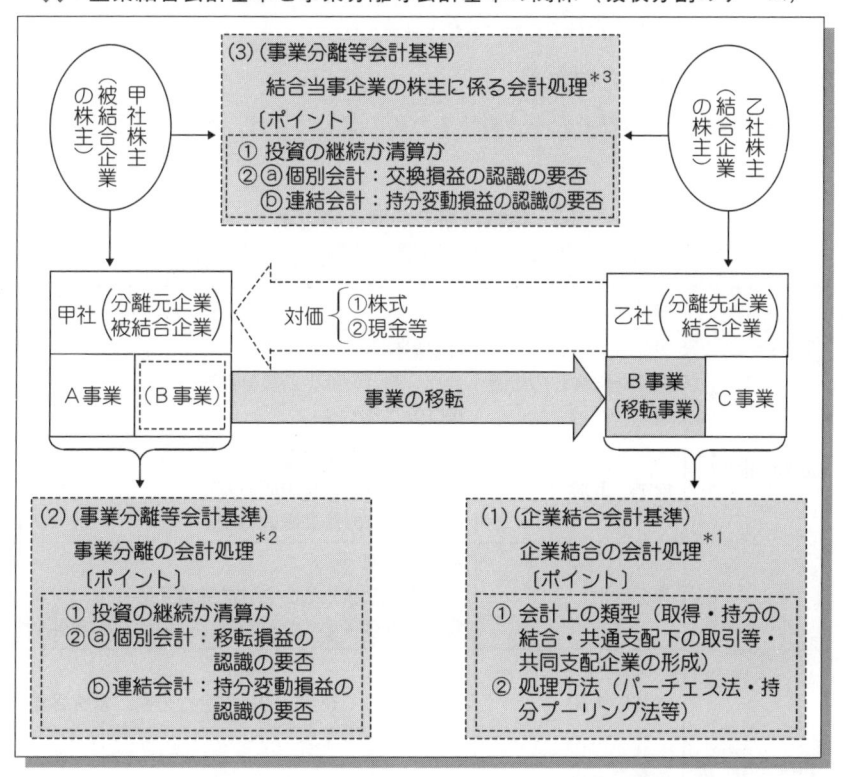

```
┌─────────────────────────────────────────────────────────────┐
│  甲社株主          (3)（事業分離等会計基準）         乙社株主  │
│ （被結合企業       結合当事企業の株主に係る会計処理*3  （結合企業│
│   の株主）         〔ポイント〕                       の株主）  │
│                    ① 投資の継続か清算か                       │
│                    ②ⓐ個別会計：交換損益の認識の要否          │
│                     ⓑ連結会計：持分変動損益の認識の要否       │
│                                                               │
│  ┌──────────┐    対価 ①株式        ┌──────────┐            │
│  │甲社 分離元企業│ ←---  ②現金等  ---→ │乙社 分離先企業│         │
│  │   被結合企業 │                    │     結合企業 │         │
│  ├──────┬───┤      事業の移転       ├──────┬───┤         │
│  │A事業 │B事業│  ═══════════════▶   │B事業  │C事業│         │
│  │      │    │                     │(移転事業)│    │         │
│  └──────┴───┘                     └──────┴───┘         │
│                                                               │
│  (2)（事業分離等会計基準）          (1)（企業結合会計基準）    │
│  事業分離の会計処理*2                企業結合の会計処理*1      │
│  〔ポイント〕                       〔ポイント〕              │
│  ① 投資の継続か清算か                ① 会計上の類型（取得・持分の│
│  ②ⓐ個別会計：移転損益の              結合・共通支配下の取引等・│
│       認識の要否                      共同支配企業の形成）    │
│   ⓑ連結会計：持分変動損益の          ② 処理方法（パーチェス法・持│
│       認識の要否                      分プーリング法等）      │
└─────────────────────────────────────────────────────────────┘
```

*1　乙社は，甲社よりB事業の移転を受けたので，企業結合会計基準が適用され，企業結合の会計処理がなされる。ここでのポイントは①企業結合の会計上の類型であり，より具体的には，それが取得・持分の結合・共通支配下の取引等・共同支配企業の形成のいずれに該当するのかということ及び②それぞれに対応する会計処理方法は何かということ，より具体的には，それらをパーチェス法・持分プーリング法などのいずれの方法で処理するのか，ということである。

*2　甲社は，乙社にB事業を移転させているので，事業分離等会計基準が適用され，事業分離の会計処理がなされる。ここでのポイントは，①分離した事業への投資が実質的に継続しているのか否かということ及び②それぞれに対応して，ⓐ個別会計では，移転損益を認識するのか否か，そしてⓑ連結会計では，持分変動損益の認識をするのか否かということである。

■ 第5編　組織再編

＊3　甲社株主・乙社株主は，結合当事企業の株主なので，事業分離等会計基準が適用され，結合当事企業の株主に係る会計処理がなされる。ここでのポイントは，①株式への投資が実質的に継続しているのか否か及び②それぞれに対応して，ⓐ個別会計では交換損益を認識するのか否か，そしてⓑ連結会計では，持分変動損益の認識をするのか否かということである。

③　組織再編の形態と諸方法

組織再編の形態及びそれを達成するための諸方法には，次のようなものがある。

❖　組織再編の形態と諸方法

区　分	形　態	手　法
企業統合＊1	合併	合　併
	純粋持株会社の設置	株式移転 会社分割（分社型新設分割） 抜け殻方式＊5
	営業の取得	営業譲受（営業譲渡） 会社分割（分社型吸収分割） 会社分割（分割型吸収分割）
	子会社化	株式の取得 株式交換による他の会社の完全子会社化 合併（既存子会社と子会社化対象会社の合併）
企業売却・廃止＊2	営業の売却	営業譲渡 子会社化して売却（分社型会社分割，営業譲渡，MBO＊6，EBO＊7）
	営業の廃止	
	子会社の売却	子会社株式の売却，MBO，EBO
	子会社の整理（廃止）	任意整理＊8，清算＊10，特別清算＊11，破産＊12，会社更生，民事再生，会社整理＊9
共同事業の設立＊3	共同事業会社の設置	共同新設分割 共同出資会社の設立 会社分割（吸収分割） 合　併
	親子会社間の事業分野の調整	合　併 営業譲渡

第9章 組織再編としての企業結合と事業分離

企業グループ での再編*4	子会社間の事業分野の調整	会社分割（吸収分割）
		会社分割（新設分割）
		合　併
		営業譲渡
		会社分割（吸収分割）
	支配形態・持株比率の変更	株式の買増し
		第三者割当増資
		自己株式の消却
		株式の売却
		合　併
		会社分割
その他	コングロマリット・ディスカウント*16 の解消	トラッキング・ストックの導入*13
		子会社株式の公開
		会社分割
	資産流動化，損益計算書上の益出し	セール・アンド・リースバック*14
		特別目的会社*15 の利用

* 1　企業（グループ）の規模が拡大するもの
* 2　企業（グループ）の規模が縮小するもの
* 3　他の企業（グループ）と共同事業を行うこととなるもの
* 4　同一企業グループ内で企業再編を行うもの
* 5　別の会社に全部の営業を譲渡することなどにより元の会社が抜け殻のような形になるもの
* 6　management buy outの略で，のれんわけとも呼ばれ，経営陣による企業買収のこと
* 7　employee buy outの略で，従業員による企業買収のこと
* 8　法定の手続きによらず，関係者の協議によって，関係者全員の利害調整を任意の方法や手続きで整理するもの
* 9　裁判所の監督の下で，利害関係者が債権債務を整理し，（破産させずに）企業維持を目指すもの
*10　**通常清算**とも呼ばれ，会社が（実質的に）債務超過でないときに，事業を解散させる手続きのこと
*11　清算遂行に著しい支障をきたすべき事情や債務超過の疑いのあるとき，裁判所の監督の下に行われる特別の清算手続きのこと
*12　会社が破綻し，債務超過のとき，破産法に基づき財産を債権者に公平に分配し，解散する手続きのこと
*13　tracking stockのことで，**特定事業業績連動株**とも呼ばれ，上場会社が営む特定事業の業績のみに連動する株式のこと

*14 資産を売却し、売却益を計上し、その資産をリースで賃借するもの
*15 special purpose company：ＳＰＣとも呼ばれ、資産の譲渡人から原債権を譲り受け、それを裏付けとして証券を発行し、資金調達を行う会社のこと
*16 複合企業中の一部（子会社等）の業績が不良であったり、その内容がよく分からないなどの理由で、複合企業全体が割り引いて評価されること
（出所） 日本公認会計士協会東京会「業務資料集　別冊17号　企業再編の手法と会計・税務」3－4頁。なお、注は引用者による。

(2) 企業結合の類型と会計処理

合併などの企業結合は、前述のようにその法形式にかかわらず、会計（企業結合会計基準）上、次の4つ（**共通支配下の取引等、共同支配企業の形成、持分の結合、取得**）に分類され、これらの順でその適用要件を満たすか否かが判定され、これらについて統一的な会計処理がなされることとなっている。

❖ 企業結合の類型と処理方法

企業結合	類型		処理方法	
	(1) 共通支配下の取引等		帳簿価額を基礎とする処理方法	持分的なプーリング処理方法
	(2) 持分の結合（広義）	① 共同支配企業の形成	持分プーリング法に準じた処理方法	
		② （①以外）（狭義）持分の結合	持分プーリング法（に準じた処理方法）	
	(3) 取得		パーチェス法	

① 共通支配下の取引等

共通支配下の取引等とは、結合当事企業（又は事業）のすべてが、企業結合の前後で同一の株主により最終的に支配され、かつその支配が一時的でない場合の取引のことである（財規8）。

すなわち、具体的には、**企業集団内部の組織再編取引**であり、例えば、子会社同士の組織再編や親会社と子会社との組織再編などがある。

この共通支配下の取引等については、基本的には個別財務諸表上、移転元の帳簿価額を基礎とした処理を行う。この意味で移転先企業の会計処理に影響を及ぼす。なお、例外として少数株主から子会社株式を取得したときには、少数

株主との取引として時価で処理を行う。

② 共同支配企業の形成

共同支配企業の形成とは，例えば，ジョイント・ベンチャーなど，共同支配の企業を設立し，企業活動を行うものである。

共同支配のためには，㋑独立企業要件，㋺契約要件，㋩対価（株式）要件，㋥その他支配関係（なし）要件というすべての要件を満たす必要がある。

そして，共同支配企業の形成のケースでは，①共同支配企業は，**持分プーリング法に準じた処理方法**（㋑資本の内訳の引継方法すなわち持分プーリング法では，株主資本の内訳を原則としてそのまま引き継ぐのに対して，持分プーリング法に準じた方法では，対価が新株発行の場合には払込資本（資本金，資本準備金又はその他資本剰余金）として処理すること，そして㋺企業結合年度の連結財務諸表の作成に係る規定を除き，持分プーリング法と同一の処理方法のこと）によって処理する。

また，②共同支配投資企業では，持分法に準じた処理方法によって処理する。

③ 持分の結合

持分の結合とは，例えば，対等合併などのように，組織再編において取得者が存在せず，それゆえ当事企業等の持分が結合された（持分の結合）と判定されたものである。

持分の結合に該当するためには，㋑対価要件，㋺議決権比率要件，㋩支配関係要件というすべての要件を満たさなければならない。

そして，持分の結合と判定された場合には，**持分プーリング法**（pooling of interest method：消滅会社の資産・負債・純資産を原則として適切な帳簿価額で引き継ぐ方法のことであり，合併や分割などの**直接取得**のケースで採用されるもの）又は**持分プーリング法に準じた処理方法**（株式交換や株式移転などの**間接取得**のケースで採用されるもの）によって処理する。

第5編 組織再編

❖ 取得と持分の結合の判定基準

要件	内容
① 対　　価	対価が議決権のある株式であること
② 議決権比率	議決権の比率が等しいこと（少なくとも55％以上から45％の範囲内にあること）
③ その他支配	上記②以外にも，支配の事実が存在しないこと

（注）　持分の結合となるためには，すべての要件を満たさなければならない。

④ 取　　得

取得とは，例えば企業買収のように，組織再編において取得者が存在するものであり，前述の要件やケースに当てはまらない企業結合は，すべて**取得**と判定される。そして取得と判定された場合には，**パーチェス法**（purchase method：被結合企業から受け入れる資産負債を，対価として交付する現金や株式等の時価（公正価値）で引き継ぐ方法のこと）で処理をする。

❖ 取得：パーチェス法（対価：株式のケース）

区分	企業又は事業の「直接取得」		企業の「間接取得」			
形式	合併，会社分割，事業譲受，現物出資		株式交換		株式移転	
主体	吸収合併存続会社等		株式交換完全親会社		株式移転設立完全親会社	
個別	諸資産（FV）のれん（差額）	払込資本（FV）	子会社株式（FV）	払込資本（FV）	（取得企業株式）子会社株式*1（BV）	払込資本（BV）
					（被取得企業株式）子会社株式*2（FV）	払込資本（FV）
連結	－		諸資産（FV）のれん（差額）	子会社株式（FV）	（取得企業株式）諸資産（BV）	子会社株式（BV）
					（被取得企業株式）諸資産（FV）のれん（差額）	子会社株式（FV）

* 1　取得企業については帳簿価額で処理する。
* 2　被取得企業については時価で処理する。

第9章 組織再編としての企業結合と事業分離

注：ＢＶ＝帳簿価額　ＦＶ＝時価
・直接取得の場合には，個別財務諸表上，のれん（又は負ののれん）が発生する。
・間接取得の場合には，個別財務諸表上，のれん（又は負ののれん）は子会社株式の取得原価に含まれる。ただし，連結財務諸表上，子会社株式の取得原価（時価）は，個々の資産・負債に展開されるため，のれん（又は負ののれん）が生じることになる。この結果，直接取得のＦ／Ｓと間接取得の連結Ｆ／Ｓは同様のものとなる。
（出所）　布施伸章『組織再編会計（企業結合及び事業分離等に関する会計）の解説』8頁。

　これらの企業結合のうち，最も一般的であり，かつ基準が原則と考えている処理方法は（取得としての）パーチェス法である。
　以上の会計上の企業結合の分類と会計処理方法との関係を整理すれば，次のとおりである。

❖　企業結合の分類と会計処理方法

企業結合の内容（分類）		会計処理方法
（1）企業結合	No →	（1）企業結合以外の会計処理
↓ Yes		
（2）企業集団内の組織再編*2	Yes →	（2）共通支配下の取引等 帳簿価額を基礎とする処理方法
↓ No		
（3）共同支配 要件　① 独立企業 　　　② 契約等によること 　　　③ 対価としての株式 　　　④ その他の支配関係なし	Yes →	（3）共同支配企業の形成 ① 共同支配企業 ➡ 持分プーリング法に準じた処理方法 ② 共同支配投資企業 ➡ 持分法に準じた処理方法
↓ No		
（4）持分の結合 要件　① 対価としての株式 　　　② 等しい議決権比率 　　　③ 支配関係なし	Yes →	（4）持分の結合 持分プーリング法（に準じた処理方法）
	No →	（5）取得 パーチェス法

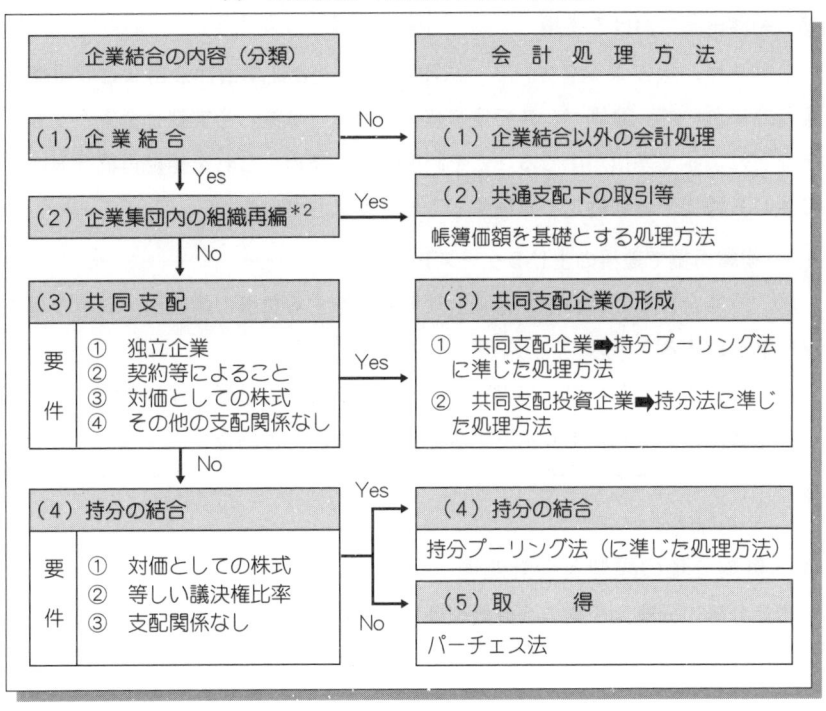

(3) 注意点

組織再編の会計処理で注意すべき点には，次のようなものがある。

① 資本金・準備金の増加零

合併や会社分割などの組織再編において，**配当原資の確保**などの観点から会社法では，**本来増加すべきものとされる資本金・準備金**を増加させない（で零とすること）で，すべてその他資本剰余金とすることが認められている（なお，株式交換・移転の場合には，債権者保護手続きが必要である）。

これは，合併などの組織再編において，会社法では，公告や催告という債権者保護手続きがとられており，債権者の利益を害するおそれがないと考えているためである。

② 組織再編における差損

会社法は，次のようなケース（法795②）で，合併や会社分割などの組織再編行為において，簿価ベースで債務超過の会社（事業）を被結合企業とすることなどによって差損が生じることを制度として認め，これを**組織再編行為により生じる株式の特別勘定**で処理することを要求している。

───〔組織再編で差損の生じるケース〕───
- ㋑ 対等合併などにおいて存続会社等が承継する負債の簿価が，資産の簿価を超えるケース
- ㋺ 株式交換などの組織再編行為に際して交付する対価の存続会社における簿価が，それにより承継する純資産額を超える場合

(4) 事業分離の類型と会計処理

事業分離の分離元企業の会計処理は，投資が継続しているか否かで次のように異なってくる。

① 投資の継続

事業分離において投資が実質的に継続していると判定された場合には，個別会計では分離元企業において移転損益を認識しない。また，連結会計では，持

分変動損益の認識を行わない。
② 投資の清算

　事業分離において投資が実質的に清算されたと判定された場合には，個別会計では，分離元企業において移転損益を認識する。また，連結会計では，持分変動損益の認識を行う。

(5) 結合当事企業の株主の会計処理

　結合当事企業の株主の会計処理は，結合当事企業において，パーチェス法などが適用されるか否かにかかわらず，あくまでも株主としての立場から受領する株式の属性などによって，株式への投資が実質的に継続しているか否かを判定し，それによって次のように異なった処理をする。
① 投資の継続

　組織再編に伴って株式への投資が実質的に継続していると判定された場合には，個別会計では，その株主は交換損益を認識しない。また，連結会計では，持分変動損益の認識を行わない。
② 投資の清算

　組織再編に伴って株式への投資が実質的に清算されたと判定された場合には，個別会計では，その株主は交換損益を認識する。また，連結会計では，持分変動損益の認識を行う。

第10章 合　　併

1　合併の意義と処理方法

(1) 意　　義
　合併（merger）とは，2つ以上の会社が清算手続きを経ることなく，1つの会社になることである。

(2) 種　　類
　合併の種類には，一方の会社が消滅し，他方の会社が存続する**吸収合併**と，双方の会社が消滅し，新たな会社が設立される**新設合併**とがある。

(3) 適 用 基 準
　合併については，いわゆる企業結合会計基準（「企業結合に係る会計基準」）が2006年4月以降強制適用されている。

(4) 処理の概要
　合併における会計処理としては，次のようなものがある。
　まず，その合併が，①例えば，子会社同士の合併などのように，企業集団内の組織再編として行われる場合には，**共通支配下の取引等**として，移転元の帳

簿価額を基礎として，合併の処理がなされる。

また，合併が，企業集団内の組織再編ではなく，②例えば，他の企業との共同で事業を行う場合などのように，**共同支配企業の形成**と判定された場合には，共同支配企業は持分プーリング法に準じた処理方法により，また，共同支配投資企業は持分法に準じた処理方法により処理する。

そして，合併が企業集団内の組織再編や共同支配でない場合で，③例えば，対等合併などのように，持分の結合の適用要件を満たす場合には，**持分の結合**と判定され，持分プーリング法による処理がなされる。

上記以外の場合には，すべて**取得**と判定され，パーチェス法を適用して処理をする。

以上の関係をまとめれば，次のとおりである。

❖ 合併の内容と処理方法

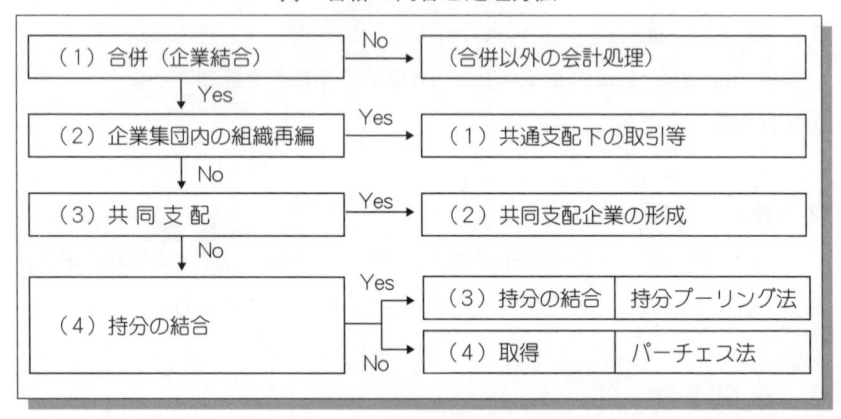

(1) 合併（企業結合） →No→	（合併以外の会計処理）
↓Yes	
(2) 企業集団内の組織再編 →Yes→	(1) 共通支配下の取引等
↓No	
(3) 共 同 支 配 →Yes→	(2) 共同支配企業の形成
↓No	
(4) 持分の結合 →Yes→	(3) 持分の結合 / 持分プーリング法
→No→	(4) 取得 / パーチェス法

以下では，まず実務において最も一般的な吸収合併を例に，その会計処理の説明をしたい。

第10章 合　併

COFFEE BREAK

● 合併等対価の柔軟化

　会社法では，吸収合併等（新設合併，新設分割，株式移転を除く）の組織再編に際して，合併等対価の柔軟化に伴って，消滅会社等の株主に対して，**存続会社等の株式以外の財産**（金銭，親会社株式，他社株式，社債，新株予約権，棚卸資産など）を交付することができるようになった（法749，800他）。

　この改正に伴って，子会社が他社を吸収合併するときに，（外国などの）親会社の株式を対価として交付する**三角合併**や，消滅会社の株主等に金銭を交付する cash-out merger（キャッシュ・アウト・マージャー）（現金交付合併）などができるようになった。

〔組織再編対価の柔軟化〕

摘　要		組織再編の形態	
		吸収型組織再編	新設型組織再編
		吸収合併・吸収分割・株式交換	新設合併・新設分割・株式移転
組織再編対価	(1) 株式，新株予約権，社債，新株予約権付社債	○	○
	(2) 株式等以外の財産（現金など）	○	×

　なお，新設型組織再編では，現金などの交付は認められない。

(5) 論　点

合併の存続会社の会計処理上の主要な論点には，次のようなものがある。

① **評価**：合併存続会社が，合併消滅会社から受け入れる資産・負債をどのように評価するのか。

これについては，基本的に合併が持分の結合と判断されたときには，持分プーリング法を，そして，それが取得と判断された場合にはパーチェス法を適用する。

② **合併による増加資本の内訳**：合併により増加する合併存続会社の資本の内訳をどうするのか。

これについては，パーチェス法，持分プーリング法又は持分プーリング法に準じた方法によって異なった取扱いがなされる。

2　吸収合併

(1) パーチェス法と吸収合併

① 概　要

吸収合併とは，（合併）消滅会社の権利義務（資産負債）の全部を（合併）存続会社に承継させるものである（法2）。そして，これは，ある会社が消滅し，別の（存続）会社に吸収される形の合併なので，一般に存続会社による消滅会社の取得に該当することが多い。

この（取得の）場合には，パーチェス法が適用される。

この場合の当事会社は，吸収分割や株式交換と同様に，必ず存続会社1社と消滅会社1社の2社に限定される。

パーチェス法（purchase method）とは，被結合企業の資産負債（純資産）を時価（公正価値）で受け入れ，かつその対価として株式などを交付し，株式発行の場合には，交付した株式の時価だけ資本を増加させ，そのすべてを払込資本（すなわち資本金，資本準備金又はその他資本剰余金）とする方法である。

なお，（吸収合併）消滅会社は，合併に伴って消滅するので，会計上大きな問題は生じない。以下では，（吸収合併）存続会社の会計処理についてみていくことにする。

吸収合併に伴って，存続会社は以下で詳述するように，①消滅会社の権利義務（資産負債）の承継や②合併対価の交付などを行う。

なお，承継する資産負債に付すべき価額についての会社法上及び会計上の内

❖ 承継資産負債に付すべき価額

会　　　社　　　法	判　定	処　理　方　法
① その全部について，合併対価の時価その他その財産の時価を適切に算定する方法をもって測定する方法	取得	パーチェス法
② 消滅会社の直前の帳簿価額を付す方法	取得以外*1	持分プーリング法など*2

＊1　持分の結合，共通支配下の取引等，共同支配企業の形成及び逆取得がこれに該当する。
＊2　持分プーリング法に準ずる方法などがある。

容は，次のように整理される。

② 　受入資産負債の時価評価

パーチェス法の適用時には，取得企業（合併存続会社）は，吸収合併により承継する資産負債を時価で受け入れ，後述のようにのれんを計上する（計規12①）。

③ 　株 主 資 本

吸収合併においてパーチェス法を適用する場合で，その対価の全部又は一部が存続会社の株式のときには，その存続会社の資本金等の金額は，次図のように計算する（計規58）。

なお，従来の商法と異なって，会社法では，新株発行時の株主資本について，本来増加させるべき払込資本たる資本金・資本準備金を，合併と同時に減少させること，つまり増加させるべき**資本金・資本準備金を増加させずに処分可能なその他資本剰余金を増加させる**ことができることとなっている（計規58，63）。

第5編 組織再編

❖ 吸収合併でパーチェス法適用時の株主資本変動額等

吸収合併対価時価（吸収型再編対価時価）*1	対価	株主資本変動額*2（存続会社株式での対価時価）	新株式の発行	株主払込資本変動額*3		No：存続会社株式以外の対価時価		自由に決定
						Yes..(1) No：対価として処分した自己株式の帳簿価額		
	Yes..存続会社の株式			(2) Yes..株主払込資本変動額	① 資本金変動額	(2)のうち，合併契約で定めた額*4		
					② 資本準備金変動額	(2)−①のうち，合併契約で定めた額*5		
					③ その他資本剰余金変動額	(2)−(①+②)*6		
					④ 利益準備金変動額	零*7		
					⑤ その他利益剰余金変動額	零*7		

以下，図に沿ってポイントを説明していくことにする。

＊1：吸収合併対価時価（吸収型再編対価時価）

これは，吸収合併という吸収型再編における**吸収型再編対価時価**を示している。そして，これはその対価として，存続会社の株式によるケースと，株式以外の現金支払いなどによるケースとに分けられる。

＊2：株主資本変動額

これは，吸収型再編対価時価のうち，株式以外の対価の支払いを除いた，存続会社株式による対価時価を示している。これは，新株発行のケースと自己株式の処分のケースがあり，ともに株主資本に変動を及ぼす。

＊3：株主払込資本変動額

新株式の発行に伴って，株主払込資本が変動する。この場合，基本的に資本金・資本剰余金（資本準備金・その他資本剰余金）が増加する。

＊4：資本金変動額

資本金変動額は，株主払込資本変動額のうち合併契約で定めた額である（計規58）。

＊5：資本準備金変動額

資本準備金変動額は，株主払込資本変動額から資本金変動額を控除した残額のうち合併契約で定めた額である。

＊6：その他資本剰余金変動額

その他資本剰余金変動額は，株主払込資本変動額から資本金変動額と資本準備金変動額の合計額を差し引いた残額である。

＊7：利益剰余金

吸収合併に伴う新株式の発行に伴って，基本的に利益剰余金（利益準備金・その他利益剰余金）は変動しない。

④ の れ ん

吸収合併にパーチェス法を適用した場合には，資産又は負債としてののれんを計上することができ，そののれんの額は，次のとおりである。

　㋑　正ののれん（資産としてののれん）

合併に伴って受け入れた識別可能な受入財産に配分された額が，吸収合併に伴う対価時価以下の場合には，その差額として正ののれん（資産としてののれん）が計上される。

　㋺　負ののれん（負債としてののれん）

合併に伴って受け入れた識別可能な受入財産に配分された額が，吸収合併に伴う対価時価以上の場合には，その差額として負ののれん（負債としてののれん）が計上される。

〔㋑　正ののれん〕　　　　　　　〔㋺　負ののれん〕

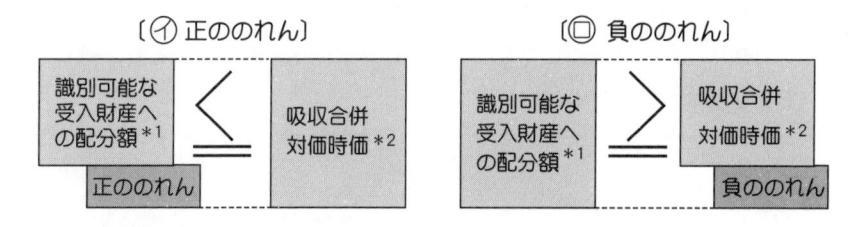

識別可能な受入財産への配分額*1　＜　吸収合併対価時価*2　　　　識別可能な受入財産への配分額*1　＞　吸収合併対価時価*2
正ののれん　　　負ののれん

＊1　受入財産への配分額

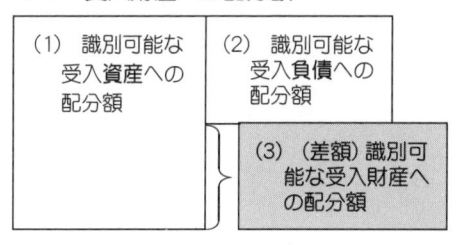

(1) 識別可能な受入資産への配分額	(2) 識別可能な受入負債への配分額
	(3)（差額）識別可能な受入財産への配分額

＊2　吸収合併対価時価については，前述（③＊1）の説明を参照されたい。

第5編 組織再編

⑤ 例題

―〔設 例〕吸収合併:パーチェス法――――

甲社は,次のような財政状態にある乙社を吸収合併した。パーチェス法により,甲社の仕訳を示しなさい。

乙社貸借対照表 (単位:万円)

資　産	5,000	負　　債	3,000
		資　本　金	1,000
		その他利益剰余金	1,000
	5,000		5,000

　＊　資産の時価は¥8,000である。

1　当社は,この合併対価として,甲社株式6株(原価@¥500,時価@¥1,000)を発行し,乙社株主に渡した。

2　当社は,合併対価として発行した甲社株式の半分を資本金とし,残り半分を資本準備金とする。

〔解　答〕

(借)資　　産	8,000*1	(貸)負　　債	3,000
の　れ　ん	1,000*2	資　本　金	3,000*3
		資本準備金	3,000*3

＊1　時価評価
＊2　$1,000 = (3,000 + 3,000 + 3,000) - 8,000$
＊3　$3,000 = 6 \times 1,000 \times \dfrac{1}{2}$

(2) 持分プーリング法と吸収合併

① 概　要

吸収合併においても,例外的に持分の結合と判定され,持分プーリング法を適用することがある。

この場合,吸収合併存続会社の会計処理は,後述のとおりである。

第10章 合　併

　持分プーリング法（pooling-of-interest method）とは，被結合会社の資産負債をその帳簿価額で受け入れ，かつ純資産（資本）についても，すべての資本金，資本剰余金及び利益剰余金という内訳を，自己株式の処理等を除き，原則としてそのまま引き継ぐ方法である。

　この方法による場合には，資産負債等が，帳簿価額で引き継がれるので，のれんは生じないし，またその計上は認められない。

② 株主資本の額

　吸収合併において持分プーリング法を適用する場合，株主資本は，その他資本剰余金を除き，消滅会社の合併直前の株主資本の額をそのまま引き継ぐ（計規61）。

　なお，その他資本剰余金については，合併直前の消滅会社のその他資本剰余金の額から，①その対価として処分した自己株式の帳簿価額等及び②存続会社又は消滅会社が有する消滅会社株式の帳簿価額を控除した金額とする（計規61）。

❖ 持分プーリング法適用時の存続会社において増加すべき株主資本等

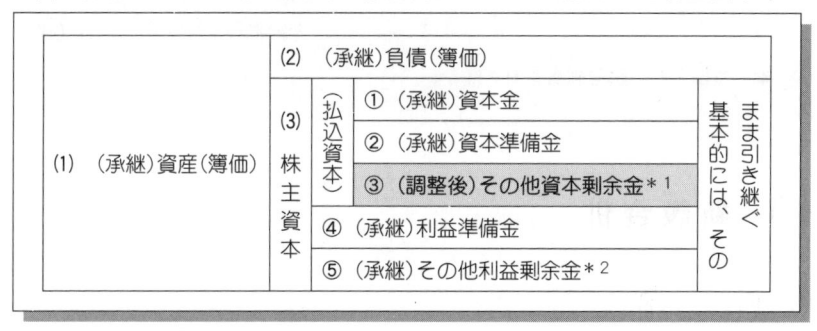

(1) （承継）資産（簿価）	(2) （承継）負債（簿価）			まま引き継ぐ基本的には，その
	(3) 株主資本	(払込資本)	① （承継）資本金	
			② （承継）資本準備金	
			③ （調整後）その他資本剰余金＊1	
			④ （承継）利益準備金	
			⑤ （承継）その他利益剰余金＊2	

＊1　（調整後）その他資本剰余金＝(消滅会社の)その他資本剰余金−｛(対価として)処分する自己株式の帳簿価額＋(存続又は消滅会社が有する)消滅会社株式の帳簿価額｝

＊2　上記＊1の調整などで，その他資本剰余金がマイナスとなる場合には，そのマイナス超過額をその他利益剰余金から控除する。ただし，このような状況はまれである。

③ 例　　題

──〔設　例〕　合併：持分プーリング法──────────────
　甲社と乙社とが対等合併し，甲社は乙社の次のような純資産を継承し，乙社株主に甲社株式を発行・交付した。なお，持分の結合の要件は満たし，利益剰余金も引き継ぐものとする。

　持分プーリング法により，甲社の仕訳を示しなさい。

乙社貸借対照表　　　　　　（単位：万円）

資　　産	5,000	負　　　債	3,000
		資　本　金	1,000
		その他利益剰余金	1,000
	5,000		5,000

〔解　答〕

（借）資　　産	5,000*	（貸）負　　　債	3,000*
		資　本　金	1,000*
		その他利益剰余金	1,000*

　＊　原則として帳簿価額を引き継ぐ。

3　新設合併

(1) 内　　容

① 意　　義

　新設合併とは，（合併）消滅会社の権利義務（資産負債）の全部を新設会社に承継させるもののことである（法2）。

　なお（新設合併）消滅会社は合併に伴って消滅するので，会計上大きな問題は生じない。

　そこで，以下では，（新設合併）設立会社の会計処理についてみていくこと

にする。

② 概　説

　新設合併に伴って，設立会社は，以下で詳述するように，①消滅会社の権利義務（資産負債）の承継や②合併対価の交付などを行う。

　なお，承継する資産負債に付すべき価額についての会社法上及び会計上の内容は，次のように整理される。

❖ 承継資産負債に付すべき価額

会　　社　　法	判定	処理方法
①　その全部について，合併対価の時価その他その財産の時価を適切に算定する方法をもって測定する方法*1	取得	パーチェス法
②　消滅会社の直前の帳簿価額を付す方法	取得以外	持分プーリング法など*2

　*1　この場合でも，消滅会社の一社は取得会社（**新設合併取得会社**）となるので，簿価で資産負債を引き継ぐこととなる。
　*2　持分プーリング法に準じた方法など。

③ 類　型

　新設合併の場合の主な会計処理の類型としては，次のようなものがある。
　㋑　新設型再編対象財産の全部の取得原価を新設型再編対価の**時価等**＊で算定すべき場合（すなわち**パーチェス法**で処理する場合）
　　＊　時価を適切に算定する方法によるもの
　㋺　新設合併消滅会社の資本を引き継ぐ場合
　㋩　新設合併消滅会社の全部が共通支配下関係にある場合など

(2) 時価等で算定する（取得の）場合

① 概　要

　新設合併で，それが取得と判定され，パーチェス法を適用し，その対象財産の全部の取得原価を，その対価の時価等で算定する場合には，資本金の額等を引き継がないケースと引き継ぐケースとがあり，のれんを計上する（計規76①）。

② 注意点

新設合併における取得会社の株主資本については，その対価が株式のみの場合，合併前の資本構成がそのまま引き継がれるので，利益剰余金の計上が認められる（計規76②）。

③ 新設合併でパーチェス法適用時の株主払込資本額

新設合併においてパーチェス法を適用する場合の株主払込資本額は，次の合計額である（計規21，76①一）。

㋑ 新設合併取得会社

パーチェス法を適用する場合には，取得会社については，適正な帳簿価額を基礎として会計処理を行うこととなる。そこで，（新設合併）株主払込資本の額は，新設合併の取得会社から承継した（**新設合併**）**簿価株主資本額**から株主に対して交付する（株式以外の）対価簿価を減じて得た額である。

㋺ ㋑以外の会社（新設合併被取得会社）

パーチェス法を適用する場合には，被取得会社については，時価（公正価値）を基礎として会計処理を行うこととなる。そこで，（新設合併）株主払込資本の額は，吸収合併消滅会社のそれと同様に，被取得会社の株主に交付した株式による（新設合併）対価時価の額である。

この場合には，のれんの計上を行う。

❖ 新設合併でパーチェス法の適用

㈠ 資本金の額等を引き継がないケース

　新設合併において，新設合併取得会社の資本金の額等を引き継がないケースの新設合併設立会社の資本金等の額は，吸収合併でのパーチェス法適用時の株主払込資本変動額と同様に，次のとおりである。

❖ **新設合併で資本金の額等を引き継がないケースの株主払込資本額**

（新設時）	(1)（新設合併）株主払込資本額	払込資本	① 資　本　金	(1)のうち，合併契約で定めた額	自由に決定
			② 資本準備金	(1)−①のうち，合併契約で定めた額	
			③ その他資本剰余金	(1)−(①+②)	
			④ 利益準備金	零	
			⑤ その他利益剰余金	零*	

＊　ただし，（新設合併）株主払込資本額が合併時にマイナスの場合には，そのマイナス額が（マイナスの）その他利益剰余金の額となる。

㈡ 資本金の額等を引き継ぐケース

　新設合併において新設合併取得会社の資本金の額等を引き継ぐケースの新設合併設立会社の資本金の額等は，次のとおりである。

❖ **取得会社の資本金の額等を引き継ぐ場合の株主資本の額**

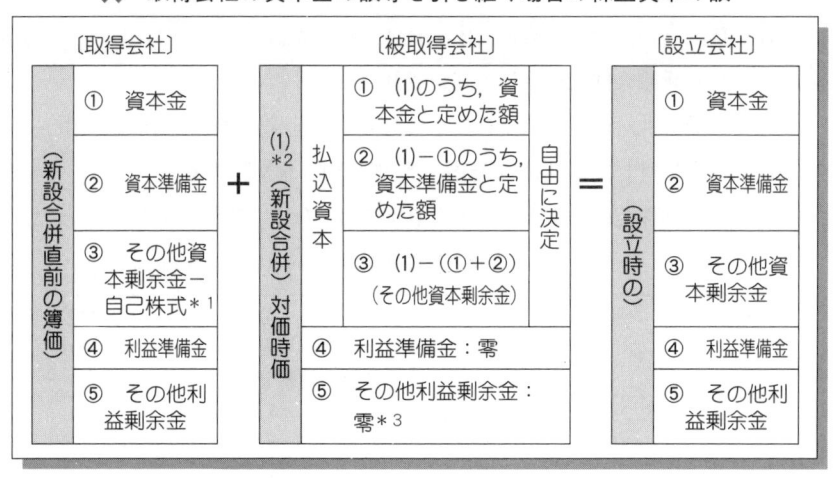

〔取得会社〕		〔被取得会社〕			〔設立会社〕	
（新設合併直前の簿価）	① 資本金	(1) *2（新設合併）対価時価	払込資本	① (1)のうち，資本金と定めた額	自由に決定	（設立時の）	① 資本金
	② 資本準備金			② (1)−①のうち，資本準備金と定めた額			② 資本準備金
	③ その他資本剰余金−自己株式*1			③ (1)−(①+②)（その他資本剰余金）			③ その他資本剰余金
	④ 利益準備金			④ 利益準備金：零			④ 利益準備金
	⑤ その他利益剰余金			⑤ その他利益剰余金：零*3			⑤ その他利益剰余金

＊１　自己株式の帳簿価額をその他資本剰余金からマイナスする。
＊２　株式発行に係るもの。

＊3　ただし，⑴がマイナスの場合，そのマイナス額がマイナスのその他利益剰余金の額となる。

㋭　の れ ん

新設合併にパーチェス法を適用する場合には，のれんが計上されるが，これは次のように計算する。

ⓐ　被取得会社に関する部分

　　取得会社以外の被取得会社についてののれんの額は，その被取得会社の識別可能財産（純資産額）の時価とその対価時価との差額であり，正ののれんと負ののれんが計上できる（計規21①）。

ⓑ　取得会社に関する部分

　　取得会社についてののれんの額は，（新設合併）株主資本額と（新設合併）対価簿価との差額であり，かつ正（資産）ののれんのみの計上が認められる（計規21③）。

④　例　　題

〔設　例〕　新設合併：パーチェス法

次のような財政状態にある甲社と乙社は，両社を新設合併消滅会社とし，丙社を新設（合併設立）会社とする合併を行った。

①　甲社は新設合併取得会社と判定された。

②　丙社は合併対価として甲社株主に対して丙社株式100株（時価@10），乙社株主に対して丙社株式100株（時価@10）を交付する。

③　丙社が合併契約によって定めた資本金は1,000，準備金は500であった。

甲社貸借対照表　　　　　　　（単位：万円）

資　　産	3,000	負　　債	2,000
		資　本　金	600
		その他利益剰余金	400
	3,000		3,000

第10章 合　併

	乙社貸借対照表	（単位：万円）	
資　　産	2,000*	負　　　債	1,500
		資　本　金	300
		その他利益剰余金	200
	2,000		2,000

＊　時価2,400

・資本金等を引き継がないケースでパーチェス法で丙社の会計処理をしなさい。

〔解　答〕（単位：万円）

・資本金等を引き継がないケース

（借）資　　産（甲）　3,000*1　（貸）負　　　債（甲）　2,000*1
　　　資　　産（乙）　2,400*2　　　　負　　　債（乙）　1,500*2
　　　の　れ　ん　　　　100*3　　　　資　本　金　　　　1,000*4
　　　　　　　　　　　　　　　　　　　資　本　準　備　金　　500*4
　　　　　　　　　　　　　　　　　　　その他資本剰余金　　　500*5

	丙社貸借対照表	（単位：万円）	
資　　産	5,400	負　　　債	3,500
の　れ　ん	100	資　本　金	1,000
		資本準備金	500
		その他資本剰余金	500
	5,500		5,500

＊1　帳簿価額
＊2　識別可能資産負債の時価
＊3　①取得原価　100×10＝1,000，②識別可能資産2,400，③識別可能負債1,500，
　　　④取得原価への配分額900，⑤のれんの額100＝①1,000－④900
＊4　契約での決定額
＊5　500＝{(3,000－2,000)＋100×10}－(1,000＋500)

(3) 持分プーリング法と新設合併

① 概　　要

新設合併において持分の結合と判定された場合には，持分プーリング法を適用する。

この場合の新設会社の会計処理は，次のとおりである。

② 処　　理

持分プーリング法では，承継資産負債のみならず，純資産についても，自己株式の処理等を除き，原則としてそのまま引き継ぐ。そしてこの場合には，適正な帳簿価額で引き継がれるので，のれんは生じない。

③ 例　　題

―〔設　例〕　新設合併：持分プーリング法―

次のような財政状態にある甲社と乙社は，両社を新設合併消滅会社とし，丙社を新設（合併設立）会社とする合併を行った。持分プーリング法を適用して，丙社の会計処理を行いなさい。

① 丙社は合併対価として，甲社及び乙社の株主に対して各々丙社株式100株（時価@10）を交付する。

甲社貸借対照表　　　　　　　　　　　　　　（単位：万円）

資　産	3,000	負　　　　債	2,000
		資　本　金	600
		その他利益剰余金	400
	3,000		3,000

乙社貸借対照表　　　　　　　　　　　　　　（単位：万円）

資　産	2,000*	負　　　　債	1,000
		資　本　金	500
		その他利益剰余金	500
	2,000		2,000

*　時価2,400

第10章 合　　併

〔解　答〕

(借)　資　　産（甲）　3,000*1　　(貸)　負　　債（甲）　2,000*1
　　　資　　産（乙）　2,000*1　　　　　負　　債（乙）　1,000*1
　　　　　　　　　　　　　　　　　　　資　本　金　　　1,100*2
　　　　　　　　　　　　　　　　　　　その他利益剰余金　 900*3

丙社貸借対照表　　　　　　（単位：万円）

資　産	5,000	負　　債	3,000
		資　本　金	1,100
		その他利益剰余金	900
	5,000		5,000

*1　帳簿価額
*2　1,100＝600＋500
*3　900＝400＋500

第11章 会　社　分　割

1　会社分割の意義

(1) 意　　義

　会社分割（partition of corporation）とは，ある会社が事業の一部又は全部を，他の会社に承継させるものである。

(2) 分　　類

　会社分割の類型には，事業を承継する会社の相違によって，次の2つのものがある。
① 新 設 分 割
　これは，分割により新たに設立する会社に，分割された事業を承継させるもののことである。
② 吸 収 分 割
　これは，分割により既存の他の会社に，分割された事業を承継させるもののことである。
　さらに，分割承継会社が発行する株式の割当先が，分割会社か分割会社の株主かによって，次の2つのものがある。

第5編 組織再編

㋑ 分割型分割（物的分割）

これは，分割承継会社の発行株式を分割会社に割り当てるもののことである。

㋺ 分割型分割（人的分割）

これは，分割承継会社の発行株式を分割会社の株主に割り当てるもののことである。

なお，会社法上，**分割型分割制度**は廃止された。そして，これに代えて，従来のように承継会社の株式を分割会社の株主に渡す方法として，全部取得条項付種類株式の取得と剰余金の（株式という現物）配当という方法を認めた。

それゆえ，会社法では，従来の**分割型分割**は，**分社型分割＋株式の現物配当**ということで概念整理されている。しかし，実態としては，前述の分割型分割は存続している。

❖ 会社分割の種類

摘　　要	① 新　　設	② 吸　　収
(1) 分 社 型	(1)① 分社型新設分割	(1)② 分社型吸収分割
(2) 分 割 型	(2)① （分割型新設分割）	(2)② （分割型吸収分割）

(1)① 分社型新設分割

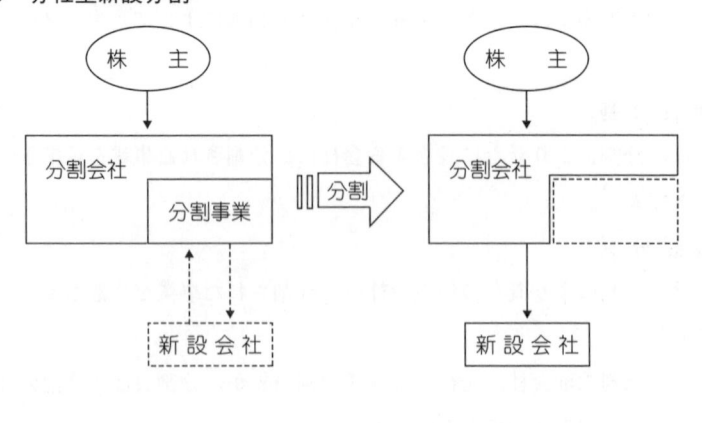

第11章　会社分割

(1)② 分社型吸収分割

(2)① 分割型新設分割

(2)② 分割型吸収分割

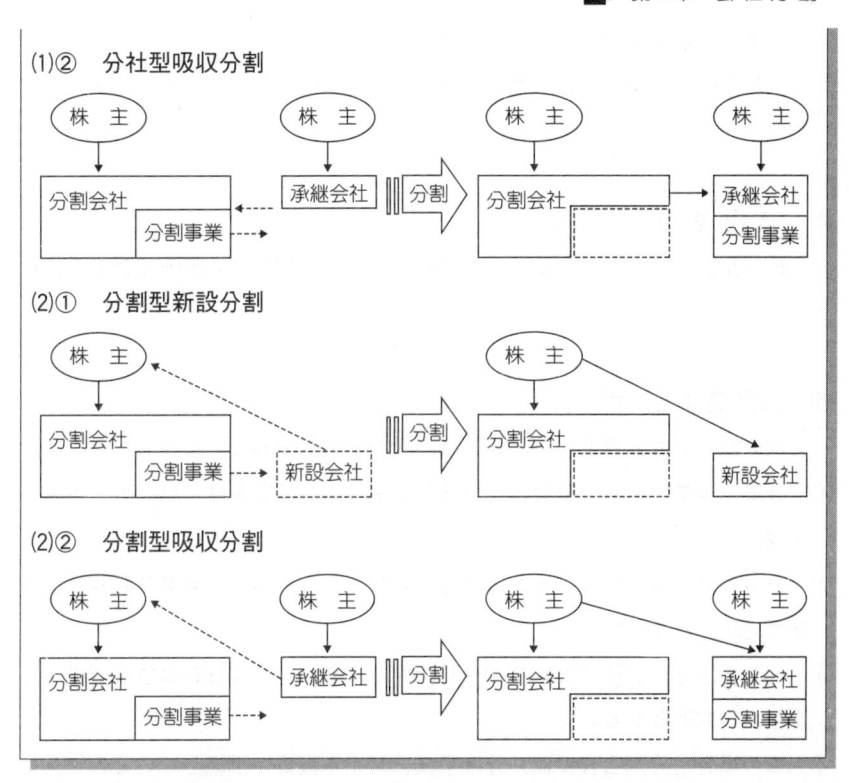

なお，分割型分割における株式の割当方法には，次のようなものがある。

❖ 分割型分割における株式の割当方法

割当方法	内　　　容
① 按分型	これは，株式を分割会社の株主の保有株式数の割合に応じて割り当てる方法である。
② 非按分型	これは，株式を分割会社の株主の保有株式数の割合とは別の割合で割り当てる方法である。
③ 折衷型	これは，株式の一部を分割会社の株主に，残りの株式を分割会社に割り当てる方法である。

(3) 活用例

吸収分割の活用例としては，次のようなものがある。

■ 第5編　組織再編

① 企業の特定事業を外部に切り離すケース
② 企業集団内で重複する事業を特定のグループ内の会社に集中するケースなど

(4) 適用基準

　会社分割については，企業結合会計基準，事業分離等会計基準及び適用指針が適用される。

(5) 会計処理上のポイント

　会社分割の会計処理上のポイントは，次のとおりである。
① 分離元企業である**分割会社**と分離先企業である**承継会社**に分けて処理方法を検討する。
② **分割会社**については，事業の分離元企業となるために，**事業分離等会計基準**が適用される。
③ そして，分割会社においては，移転する事業について**移転損益**を認識するか否かが問題となる。
④ この場合，分割会社では，分離事業に対する**投資**が**継続**しているのか又は**清算**されたのかによって判断をする。
⑤ そして，投資が継続している場合には，持分プーリング法を適用して移転損益は認識しないが，清算された場合には，パーチェス法を適用して移転損益を認識する。
⑥ 他方，**承継会社**については，事業の分離先企業となり，かつ移転された事業を結合するので，企業結合会計基準が適用される。
⑦ 承継会社においては，移転された事業の**取得原価**をどのように（適正な**帳簿価額又は時価**で）計算するのかが問題となる。
⑧ この場合，移転事業を**取得**するのか又は**持分の結合**をするのかによって判断をする。
⑨ そして，**取得の場合にはパーチェス法を適用し，持分の結合の場合には持

分プーリング法を適用する。

(6) 処理の概要

会社分割の会計処理としては，次のようなものがある。

まず，その分割が，①**企業集団内の組織再編**として行われる場合には，**共通支配下の取引等**として，移転元の帳簿価額を基礎としてその処理がなされる。

また，会社分割が，企業集団内の組織再編ではなく，②例えば，他の企業との共同で事業を行う場合などのように，**共同企業の形成**と判定された場合には，共同支配企業は**持分プーリング法に準じた処理方法**により，また，共同支配投資企業は持分法に準じた方法により処理する。

そして，分割が企業集団内の組織再編や共同支配でない場合で，③例えば，対等での吸収分割などのように，**持分の結合**と判定された場合には，**持分プーリング法**による処理がなされる。

最後に，上記以外の場合には，④すべて**取得**と判定され，**パーチェス法**を適用して処理する。

以上の関係をまとめれば，次のとおりである。

※ 分割の内容と処理方法

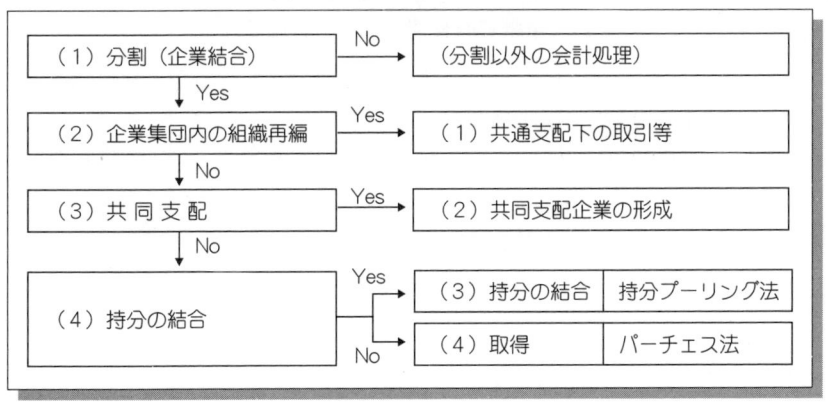

(1) 分割（企業結合） →No→	(分割以外の会計処理)	
↓Yes		
(2) 企業集団内の組織再編 →Yes→	(1) 共通支配下の取引等	
↓No		
(3) 共同支配 →Yes→	(2) 共同支配企業の形成	
↓No		
(4) 持分の結合 →Yes→	(3) 持分の結合	持分プーリング法
→No→	(4) 取得	パーチェス法

〔ポイント〕 会社分割の処理の考え方は，基本的には，**合併の場合と同様**である。

2 吸収分割

(1) パーチェス法と吸収分割

吸収分割は、ある会社の事業に関する権利義務（資産負債）の一部又は全部を分割し、別の既存の会社がそれを吸収・承継する形の分割なので、一般に（当該別の）既存の会社による分割事業の取得に該当する。

この（取得の）場合には、パーチェス法が適用される。

なお、吸収分割において、分割元の吸収分割会社は事業分離の会計処理が、そして分割先の吸収分割承継会社においては、企業結合の会計処理が問題となる。

本書では、特に純資産の会計処理を問題としているので、以下では主に吸収分割承継会社の会計処理を中心としてみていくこととする。

吸収分割に伴って、吸収分割承継会社は、以下で詳述するように、①分割会社の権利義務（資産負債）の承継や②分割対価の交付などを行う。

なお、承継する資産負債に付すべき価額についての会社法上及び会計上の内容は、吸収合併の場合と同様に、次のように整理される。

※ 承継資産負債に付すべき価額

会　　社　　法	判　定	処理方法
① その全部について、分割対価の時価その他その財産の時価を適切に算定する方法をもって測定する方法	取得	パーチェス法
② 吸収分割会社の直前の帳簿価額を付す方法	取得以外[1]	持分プーリング法など[2]

* 1　持分の結合・共通支配下の取引等・共同支配企業の形成・逆取得のケースである。

* 2　持分プーリング法に準ずる方法など。

(2) 処理の考え方

吸収分割における吸収分割承継会社の会計処理は，基本的に**吸収合併の場合と同様**である。

❖ 甲社のB事業の分割のケース

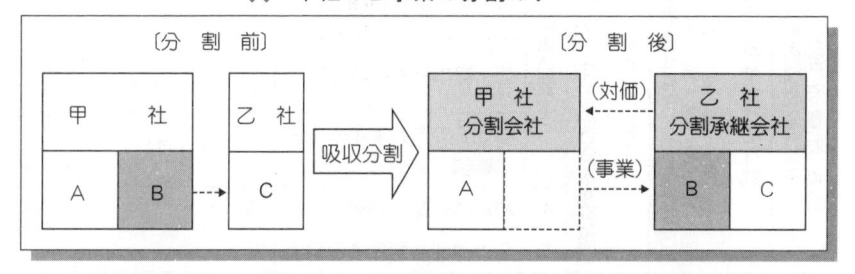

[分割前] 甲社（A・B），乙社（C） → 吸収分割 → [分割後] 甲社 分割会社（A），乙社 分割承継会社（B・C），（対価）・（事業）のやり取り

なお，吸収合併と吸収分割とでは，次のような相違点がある。

❖ 吸収合併と吸収分割との相違点

摘　　要	吸　収　合　併	吸　収　分　割
(1) 事業承継先	1社に事業（会社）を包括的に承継させる	複数の承継会社に異なる事業を承継させることもできる
(2) 株式の割当先	消滅会社の株主に割当て	分割会社の株主又は分割会社への割当てができる

(3) パーチェス法（吸収分割承継会社）

① 受入資産負債の時価評価

パーチェス法適用時には，取得企業（吸収分割承継会社）は，吸収分割により承継する資産負債を時価で受け入れ，のれんを計上する。

② 株　主　資　本

パーチェス法適用時において，吸収分割の対価の全部又は一部が承継会社の株式のときには，その承継会社の資本金等の金額は，基本的に**吸収合併の場合と同様に**，次図のように計算する（計規63）。

吸収分割でパーチェス法適用時の株主資本変動額等

吸収分割対価時価（対価）承継会社の株式					
	No：存続会社株式以外の対価時価				自由に決定
	Yes：株（承継会社株主資本変動額吸収型再編）式での対価時価	(1) No：(自己株式)対価として処分した自己株式の帳簿価額			
		(2) Yes：株主払込資本変動額	新株式の発行	① 資本金変動額	(2)のうち，分割契約で定めた額
			(払込資本)	② 資本準備金変動額	(2)−①のうち，分割契約で定めた額
				③ その他資本剰余金変動額	(2)−(①＋②)
				④ 利益準備金変動額	零
				⑤ その他利益剰余金変動額	零*

* （吸収型再編）株主資本変動額がマイナスのときには，その額がマイナスのその他利益剰余金の額となる。

〔ポイント〕 基本的考え方は，吸収合併の場合と同様である。

③ の れ ん

　㋑ 種　　類

パーチェス法適用時の吸収分割においては，吸収合併と同様に，資産又は負債としてののれんを計上することができる。

　㋺ 計　上　額

パーチェス法適用時ののれんの計上額は，吸収分割により受け入れた財産へ配分された識別可能配分額と（株式と株式以外の）吸収分割対価時価との差額である。

④ 例　　題

─〔設 例〕 吸収分割：パーチェス法─────────────

　次のような財政状態にある甲社は，Y事業を分割し，乙社に承継させ，その対価として新たに発行された乙社株式（時価600）を取得し，乙社を甲社の関連会社とした。なお，これは乙社にとって取得（パーチェス法）に当たる。

甲社（分割前）貸借対照表			(単位：万円)
X 事 業 資 産	600	資 本 金	500
Y 事 業 資 産	400*	利 益 剰 余 金	500
	1,000		1,000

* Y事業資産の時価は¥500であり，また，Y事業の時価は600と評価される。

乙社の仕訳を示しなさい。

なお，乙社は新株発行（払込）金額の全額を資本金とした。

〔解　答〕（単位：万円）

(借) Y 事 業 資 産　　500*1　(貸) 資　本　金　　600*3
　　 の　れ　ん　　　100*2

*1　Y事業資産の時価で受け入れる。
*2　100＝600－500
*3　Y事業の時価評価額で，株式発行（払込）価額である。

(4) 吸収分割会社の会計処理

吸収分割会社の会計処理で特に問題となるのは，次のような組織再編行為により生じる株式の特別勘定である。

すなわち，従来の商法では，資本充実の原則の観点から，債務超過状態で事業を分割することはできなかった。他方，会社法では，（実質的な債務超過の場合を除き）これができるようになった（法759）。そして，このような場合に吸収分割などの**組織再編行為により生じる株式の特別勘定**が計上される（計規30）。

つまり，吸収分割承継会社の株式に付すべき価額を，承継財産の吸収分割会社の分割直前の帳簿価額をもって計算する場合で，かつその帳簿価額がマイナス（すなわち帳簿価額で債務超過）の場合である。

そして，その金額は，このマイナス額（絶対値）からその分割直前に吸収分割会社が保有する吸収分割承継会社の株式の帳簿価額を控除して計算した額

(正の額に限る)である。

3 新設分割

(1) 内　　容
① 意　　義
新設分割とは，分割会社がその事業の権利義務（資産負債）の全部又は一部を新設会社に承継させることである（法2）。

以下では，主に新設会社の会計処理についてみていくことにする。

② 概　　要
新設分割における新設（分割設立）会社の会計処理は，基本的に新設合併の場合と同様である。

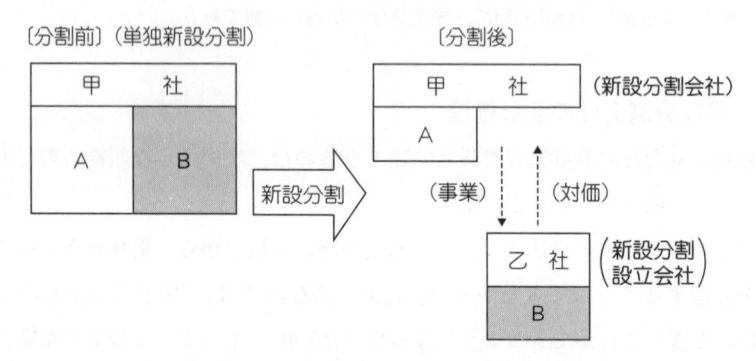

〔分割前〕（単独新設分割）　　　　〔分割後〕

甲社 [A | B] → 新設分割 → 甲社 [A]（新設分割会社）

（事業）　（対価）

乙社 [B]（新設分割設立会社）

新設分割に伴って，新設会社は，①分割会社の権利義務（資産負債）の承継や②分割対価の交付などを行う。

なお，承継する資産負債に付すべき価額については，後述するように，単独新設分割と共同新設分割に区分して，おおむね次のように整理される。

第11章 会社分割

❖ 承継資産負債に付すべき価額

分 類	内 容
(1) 単独新設分割	分割会社の直前の帳簿価額を付す方法のみ容認（計規8②）
(2) 共同新設分割	① まず，分割会社ごとに分割したものとみなして，仮会社の計算をする。この際，単独新設分割と同様，直前の帳簿価額を付す方法のみ容認。 ② 次に，各仮会社が新設合併を行ったものと仮定して計算をする（計規25①）。この際，新設合併についての処理を行う。

(2) 主な会計処理上の事項

　新設分割において，会計処理上，特に問題となる事項は，次のとおりである。

① 新設分割設立会社
　㋑ 単独新設分割の場合の株主資本の額
　㋺ 共同新設分割の場合の会計処理

② 新設分割会社
　・ 組織再編行為により生じる株式の特別勘定

(3) 単独新設分割

① 内　　容

　単独新設分割においては，新設（分割設立）会社の株式の全部を分割会社に割り当てる。

② 会 計 処 理

　完全子会社の設立となる**単独新設分割**は，**共通支配下の取引**となるために，**移転元の帳簿価額を基礎**として，移転される資産・負債を適正な帳簿価額で引き継ぐ。そして，これらの差額が純資産額である。

　この額が，新設会社の払込資本（**簿価株主資本額：資本金及び資本準備金**など）となる。

　会社法上，最初に，次のように**株主払込資本額**を決定し，その内訳として新設分割契約に基づき資本金，資本準備金及びその他資本剰余金の額を決定する。

なお、この際、利益準備金とその他利益剰余金の額は零である（計規80）。

> 簿価株主資本額*1＝資産（簿価）－負債（簿価）
>
> 株主払込資本額＝簿価株主資本額－新設型再編対価簿価*2

* 1　会社計算規則第2条
* 2　**新設型再編対価簿価**とは、承継する事業の対価として新設会社の（株式以外の）社債等を交付するときに付すべき帳簿価額のことである（法763⑧）。

以上の関係を図示すれば、次のとおりである。

❖　単独新設分割時の株主資本

資産（簿価）	（新設分割）簿価株主資本額	（対価）設立会社の株式	Yes：設立会社株式での対価簿価	(1)（設立時）株主払込資本額	No：設立会社株式以外の対価簿価		自由に決定
					① 資　本　金	(1)のうち、契約で定めた額	
					② 資本準備金	(1)－①のうち、契約で定めた額	
					③ その他資本剰余金	(1)－(①＋②)	
				④ 利益準備金		零	
				⑤ その他利益剰余金		零*	

*　ただし、新設分割簿価株主資本額がマイナスの場合、そのマイナス額がマイナスのその他利益剰余金となる。

③　のれん

単独新設分割において、その新設型再編対価簿価が承継する（正の）純資産である簿価株主資本額以上の場合には、正（資産）ののれんを計上する（計規24）。

④　特定新設分割の特則（利益準備金等の承継）

単独新設分割で一定の条件を満たす分割型分割の場合には、例外として分割会社の利益準備金やその他利益剰余金を承継することができる。

すなわち、その対価の全部が新設会社の株式のときは、新設会社は株主払込

資本額の範囲内で，資本金，資本準備金，その他資本剰余金，利益準備金及びその他利益剰余金を定めることができる（計規81①）。そして，これに対応して分割会社は，新設会社が決定した金額に相当する額を控除して分割後の金額とする（計規81②）。

⑤ 例　題

──［設　例］　単独新設分割──
次のような状況にある甲社は，B事業を新設分割により新設会社乙社に承継させた。乙社は，これに対して株式（500万円）を発行した。

甲社分割前貸借対照表　　　　（単位：万円）

A事業用資産	500	資　本　金	600
B事業用資産	500	繰越利益剰余金	400
	1,000		1,000

1　ケース1（分社型新設分割）
・これは，分社型新設分割であり，乙社は承継純資産の全部を資本金とする。

2　ケース2（分割型新設分割）
①　これは，分割型新設分割であり，乙社は会社法上の特則を適用して承継純資産の比率に応じて，甲社の純資産の部をそのままの名称で引き継ぐ。
②　甲社は，乙社に承継された純資産相当額を減少させる。

各々のケースでの両社の分割後の貸借対照表を作成しなさい。

［解　答］

① ケース1（分社型新設分割）

甲社貸借対照表　　　　（単位：万円）

A事業用資産	500	資　本　金	600*2
乙　社　株　式	500*1	繰越利益剰余金	400*2
	1,000		1,000

第5編 組織再編

乙社貸借対照表 (単位：万円)

B事業用資産	500	資本金	500

* 1 甲社は移転した純資産500に見合う乙社株式を取得するので、資産の額は変動しない。
* 2 甲社の純資産（株主資本）の構成は変動しない。

② ケース2（分割型新設分割）

甲社貸借対照表 (単位：万円)

A事業用資産	500	資本金	300*1
		繰越利益剰余金	200*2
	500		500

乙社貸借対照表 (単位：万円)

B事業用資産	500	資本金	300*1
		繰越利益剰余金	200*2
	500		500

* 1　300＝600×500÷(500＋500)
* 2　200＝400×500÷(500＋500)

(4) 共同新設分割

① 内　　容

共同新設分割においては、複数の共同の分割会社に対して、承継する財産価額に応じて株式を割り当てる。

② 会計処理の考え方

共同新設分割における新設（分割設立）会社の株主資本の考え方は、次のとおりである（計規82）。

　㋑　まず、各新設分割会社が、他の新設分割会社と共同しないで、あたかも単独新設分割を行って新しい仮会社を設立するものとみなす。

　㋺　次に、上記のように設立された仮会社が、あたかも新設合併をすることによって、新設分割設立会社を設立するものと仮定する。

❖ 共同新設分割の考え方

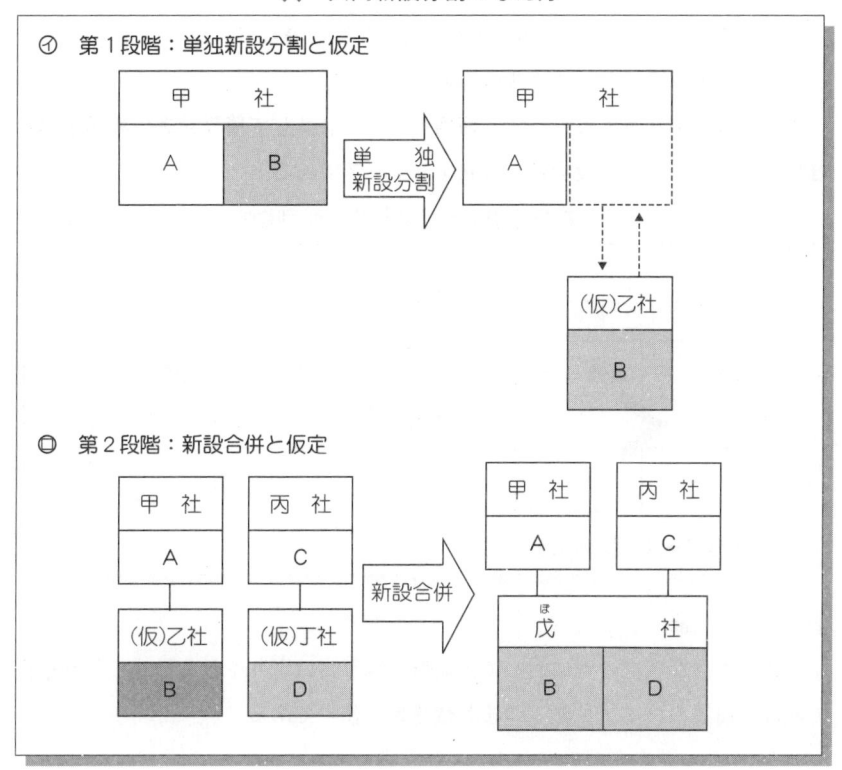

⑦ 第1段階：単独新設分割と仮定

⑩ 第2段階：新設合併と仮定

③ のれん

　共同新設分割については，単独新設分割により新会社を設立するとみなす際に，単独新設分割と同様に，（正の）のれんを計上する。

　ただし，その対価の全部が設立会社の株式でない場合には，正（資産）と負（負債）ののれんを計上する（計規25）。

(5) **組織再編行為により生じる株式の特別勘定**
① 計上条件

　新設分割において新設分割会社が，組織再編行為により生じる株式の特別勘定を計上できる条件は，次のとおりである。

■ 第5編　組織再編

　④　新設分割設立会社の株式の帳簿価額を，その分割により承継する財産（純資産）の分割直前の帳簿価額で計上すべき場合で，かつ

　㊥　その帳簿価額がマイナスの場合

　すなわち，より簡単にいえば，**簿価ベースで計算して債務超過の事業を切り離し**（出資し）て，新設会社を設立するケースである。

❖　新設分割における株式の特別勘定

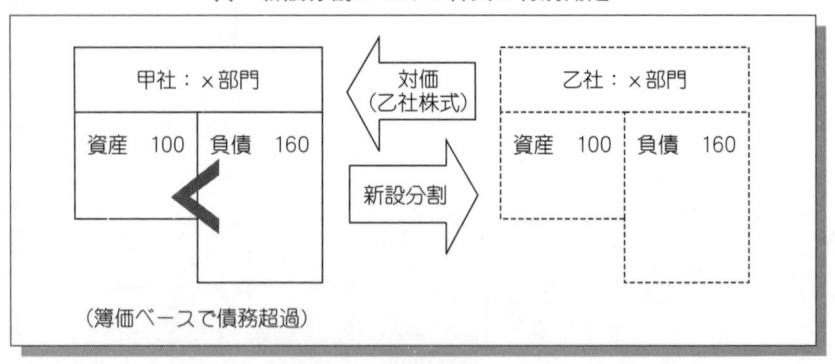

```
┌─────────────────────┐          ┌─────────────────────┐
│ 甲社：×部門          │   対価   │ 乙社：×部門          │
├──────────┬──────────┤ (乙社株式)├──────────┬──────────┤
│ 資産 100 │ 負債 160 │ ◁────────│ 資産 100 │ 負債 160 │
│          │          │          │          │          │
│        ◁─┤          │  新設分割│          │          │
│          │          │ ────────▷│          │          │
└──────────┴──────────┘          └─────────────────────┘
 （簿価ベースで債務超過）
```

② 計　上　額

　前述のような状況の下において，組織再編行為により生じる株式の特別勘定の額は，前述のマイナス額（つまり債務超過額）である。

第12章 株式交換・株式移転

1 株式交換・株式移転

(1) 意　　義
① 概　　要

　株式交換・株式移転は，ともにいわゆる独禁法の改正に伴って，**完全親子会社関係を創出し，持株会社**（holding company）などの設立を可能にするために導入された制度である。

② 株　式　交　換

　株式交換（exchange of stocks）とは，完全親会社となる会社が，完全子会社となる会社の株主から，完全親会社となる会社の株式と交換に，既存の完全子会社となる会社のすべての株式を取得することである。

　この目的は，完全子会社化に伴う完全親子会社関係を創出することである。

　また，この特徴としては，新会社の設立を伴わない既存の会社間での組織再編であるということである。

❖ 株式交換

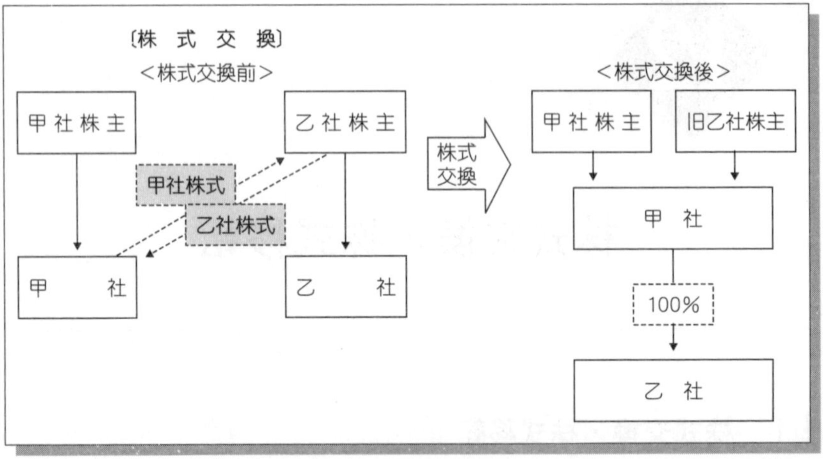
〔株　式　交　換〕
＜株式交換前＞
甲社株主
乙社株主
甲社株式
乙社株式
甲　社
乙　社
株式交換
＜株式交換後＞
甲社株主
旧乙社株主
甲　社
100%
乙　社

なお，この場合の当事会社は，吸収合併や吸収分割と同様に，必ず完全親会社１社と完全子会社１社の２社に限定される。

③ 株式移転

株式移転（transfer of stocks）とは，会社が完全親会社を新しく設立し，完全子会社となる会社の株主からその会社のすべての株式を取得し，その対価として完全親会社の株式を発行・交付するものである。

これは，企業グループ内で行われる組織再編であり，持株会社化のために行われる。

また，これは，持株会社という新会社の設立を伴うところに特徴がある。

❖ 株式移転（単独株式移転のケース）

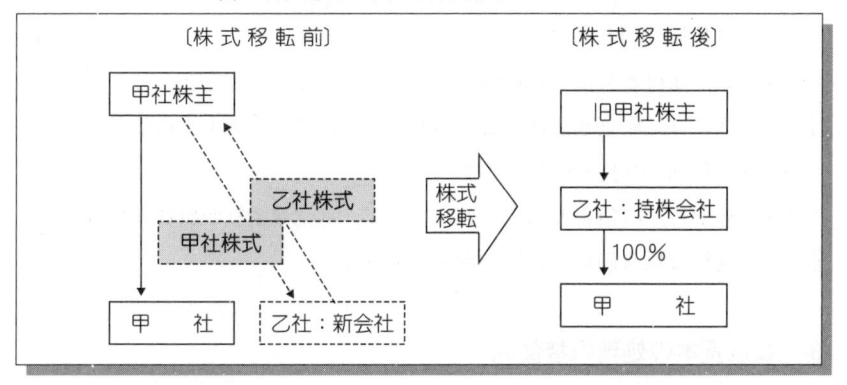

〔株式移転前〕　　　　　　　　　〔株式移転後〕

甲社株主 → 乙社株式／甲社株式 → 甲社　　　乙：新会社

株式移転 ⇒

旧甲社株主 → 乙社：持株会社 100% → 甲社

(2) 会計処理の概要

① 適用基準

株式交換・株式移転の個別会計上の処理は，いわゆる**企業結合会計基準**（「企業結合に係る会計基準」）及び同**適用指針**（「企業結合会計基準及び事業分離等会計基準に関する適用指針」）に従って行う。

② 基本的な処理の考え方

そこでは，ⓐ取得やⓑ持分の結合などのケースごとに会計処理が異なる。

前者のⓐ取得の場合には，パーチェス法を適用して計算した取得原価で被取得企業（完全子会社）株式を計上する。他方，後者のⓑ持分の結合の場合には，持分プーリング法を適用し，適正な帳簿価額による純資産額に基づいて，完全子会社株式の取得原価を計算する。

③ 株主資本増加限度額

㋐　株式交換：ⓐ取得のケース

株式交換が取得と判定された場合で，その対価として完全親会社が新株を発行したときには，株主資本増加限度額は，時価で**払込資本**（つまり資本金・資本準備金・その他資本剰余金）を増加させる。

㋺　株式交換：ⓑ持分の結合のケース

株式交換が持分の結合と判定された場合で，完全親会社が新株を発行したと

きには，株主資本増加限度額は，適切な帳簿価額で払込資本を増加させる。

　㈡　株式移転：ⓐ取得のケース

株式移転が取得と判定された場合で，その対価として完全親会社が新株を発行したときには，完全親会社の資本の額は，時価で払込資本を増加させる。

　㈢　株式移転：ⓑ持分の結合のケース

株式移転が持分の結合と判定された場合で，完全親会社が新株を発行したときには，適切な帳簿価額で払込資本を増加させる。

(3) 払込資本の処理の特徴点

株式交換・株式移転においては，基本的には合併や会社分割などと同様に，債権者保護手続きをとることを条件として，株主資本増加限度額の決定上，資本金・資本準備金を増加させずに（零として），すべてその他資本剰余金とすることが認められている。

(4) 組織再編における差損

合併や会社分割などの場合と同様に，株式交換・株式移転についても会社法では，簿価ベースで債務超過の会社（事業）を被結合企業とする場合などのように，組織再編行為によって差損が生じることを制度として認め，完全親会社の個別財務諸表上，これを組織再編行為により生じる株式の特別勘定（負債）で処理することを要求している。

COFFEE BREAK

● 株式交換・移転比率

　株式交換や株式移転では，株式の交換（移転）のために，合併時における合併比率と同様に，その交換比率の算定が必要となる。

　この交換比率は，一般に，次のような方法を用いてその企業の企業価値（株価）を計算し，その割合に基づいて計算する。

企業価値（株価）の算定方法

方法	内容	長所	短所
① 市場株価方式	これは，一定期間における株価の終値平均などを用いて，企業価値を計算する方法である。	客観性が高いなど	非公開会社では使用できないことなど
② DCF方式	これは，将来において予想される各年度の現金収入・支出額を，現在価値に割り引いて企業価値を計算する方法である。	M＆Aで多用されていることや理論的な方法であることなど	将来キャッシュ・フローや割引率などの決定が恣意的なことなど
③ 時価純資産方式	これは，時価純資産で企業価値を計算する方法である。	実務上よく使用されることなど	時価の測定が恣意的となり，かつのれんを含んでいないことなど
④ 類似会社比準方式	これは，類似の事業内容をもつ複数の公開会社を選び，その公開会社における利益・純資産などの指標を対象会社のそれと比較することによって，企業価値（株価）を計算する方法である。	データの入手や計算が簡単であることなど	会社選びが恣意的となり，規模が異なることなど

2 株式交換

(1) 概要と論点
① 概　　要
　株式交換に伴って，完全親会社となる会社は，①完全子会社となる会社の株式の取得や②その対価（通常，株式）の交付などを行う。

② 主要な会計処理上の論点
　株式交換において，会計処理上，主要な論点には次のようなものがある。
　　㋑　完全親会社：㋐株主資本の額，㋺のれん
　　㋺　組織再編行為により生じる株式の特別勘定

(2) 株式交換（パーチェス法適用時）
① 完全親会社の株主資本
　株式交換により完全親会社となる会社が，完全子会社となる会社を**取得**したと判定された場合には，完全親会社の個別財務諸表上，会社法上の子会社株式を**時価評価すべき場合**（つまり時価で資産計上すべき場合）に該当し，**パーチェス法**が適用され，債権者保護手続きをとっていることを条件として，株主資本は，次図のように計算される（計規68）。

第12章 株式交換・株式移転

❖ 株式交換（パーチェス法）：子会社株式の時価評価時の株主資本変動額等

（対価）株式交換対価時価（吸収型再編対価時価）	Yes：完全親会社株式での対価時価 / No：完全親会社の株式	株主資本変動額 新株式の発行				
			No：（完全親会社）株式以外の（再編）対価簿価			
		Yes：株主払込資本変動額	(1) No：（自己株式）対価として処分した自己株式の帳簿価額			
			(2) 払込資本	① 資本金変動額	(2)のうち，株式交換契約で定めた額	自由に決定
				② 資本準備金変動額	(2)－①のうち，株式交換契約で定めた額＊1	
				③ その他資本剰余金変動額	(2)－（①＋②）＊2	
			④ 利益準備金変動額		零	
			⑤ その他利益剰余金変動額		零	

＊1 債権者保護手続きをとっていない場合には，債権者を保護するために，図|(2)×株式発行割合－①|以上の額であることが必要である。

＊2 同上の場合には，図|(2)×(1－株式発行割合)|が最大値となる。

すなわち，親会社が新株を発行した場合には，払込資本を増加させる。この場合，その内訳は会社が自由に契約で定められる。

また，対価として自己株式を交付した場合には，自己株式の帳簿価額を取得原価（対価）から控除した金額が払込資本の増加額となる。

なお，これは，基本的にパーチェス法適用時の吸収合併の考え方と同様である。

② のれんの額

株式交換におけるのれんの計上額は，株式交換によって受け入れる完全子会社の簿価評価額と，その対価として支払われる対価簿価との差額である。

③ 例　題

──〔設　例〕　株式交換：パーチェス法──

甲社は，次のような財政状態にある乙社の株主と株式交換を行い，乙社を完全子会社化した。

① 株式交換対価として甲社株式100株（時価＠30）を交付する。

■ 第5編　組織再編

② 契約による資本金の額500，準備金500とする。
③ 債権者保護手続きは済んでいる。
④ パーチェス法を適用して処理する。

乙社貸借対照表　　　　（単位：万円）

資　　産	2,000 (2,500)	負　　債 資　本　金 その他利益剰余金	1,000 500 500
	2,000		2,000

（　）内は時価を示す。

〔解　答〕（単位：万円）

（借）子会社株式　　3,000*1　（貸）資　本　金　　　500*2
　　　　　　　　　　　　　　　　　資本準備金　　　500*2
　　　　　　　　　　　　　　　　　その他資本剰余金　2,000*3

＊1　3,000＝100×30
＊2　契約決定額
＊3　2,000＝3,000−(500＋500)

(3) 株式交換（持分プーリング法に準じた方法適用時）

① 完全親会社の株主資本

　株式交換により完全親会社と完全子会社とが持分の結合をしたと判定される場合には，直接取得ではなく**間接取得**なので，**持分プーリング法に準じた方法**が適用される。そして，このケースでは，子会社株式は，子会社の適正な簿価純資産価額（適正な帳簿価額）で評価され，資産計上される（計規69）。すなわち，子会社株式の評価額は，株式交換後の完全子会社の株主資本の額と，株式交換後の完全親会社の子会社株式の帳簿価額とが一致する。

② 例　　題

─〔設　例〕　株式交換：持分プーリング法に準じた方法─

甲社は，次のような財政状態にある乙社の株主と株式交換を行い，乙社を完全子会社化した。甲社の仕訳を示しなさい。

① 本株式交換は持分プーリング法に準じた方法が適用される。
② 株式交換対価として，甲社株式100株（時価@20）を交付する。
③ 契約による資本金の額500，準備金500とする。
④ 債権者保護手続きは済んでいる。

乙社貸借対照表　　　　　　　　　（単位：万円）

資　産	2,000	負　債	1,000
	(2,500)	資　本　金	500
		その他利益剰余金	500
	2,000		2,000

（　）内は時価を示す。

〔解　答〕（単位：万円）

（借）子 会 社 株 式　1,000*1　（貸）資　本　金　500*2
　　　　　　　　　　　　　　　　　　資 本 準 備 金　500*2

*1　1,000＝2,000－1,000
*2　契約決定額（簿価に基づいて決定された金額による）

③ 簿価純資産がマイナス時

㋑ 意　　義

　株式交換において持分の結合と判定され，持分プーリング法に準じた方法を適用する際に，完全子会社の簿価純資産がマイナスの場合には，完全親会社は個別財務諸表上，**組織再編行為による株式の特別勘定（株式特別勘定（負債））**を計上し，同額のその他利益剰余金の借方計上（マイナス計上）を行う（計規31，69①五）。

〔完全親会社の仕訳:簿価純資産がマイナス時〕

(借)(その他利益剰余金) ×××　　(貸)株式特別勘定* ×××

＊ 負債の勘定

㊁ 例　題

―〔設　例〕株式交換:簿価債務超過会社のケース――

甲社は、次のような財政状態にある乙社の株主と株式交換を行い、乙社を完全子会社化した。

① 本株式交換は持分プーリング法に準じた方法が適用される。

② 株式交換対価として甲社株式10株(時価@10)を交付する。

③ 契約による資本金、準備金の額は0とする。

乙社貸借対照表　　　　　　(単位:万円)

資　産	500	負　　債	1,000
		資　本　金	500
		その他利益剰余金	△1,000
	500		500

〔解　答〕(単位:万円)

(借)子会社株式　　　 0 　　(貸)株式特別勘定　　500*
　　その他利益剰余金　500*

＊ 500＝1,000−500

3　株式移転

(1) 株式移転の種類

株式移転には、単独で1社のみが株式の移転を行う**単独株式移転**と、複数の会社が株式の移転を行い、持株会社を設立する**共同株式移転**とがある。

❖ 株式移転の種類

種　類	内　容
① 単独株式移転	単独（1社）での株式の移転
② 共同株式移転	複数の会社による株式の移転

(2) 株式移転の会計処理

摘要	種　類		ケース	会計処理
単独での株式の移転	Yes	(1)単独株式移転	①通常 対価として株式の交付のみ	適正な帳簿価額で計上
			②例外 ㋐ 対価の一部として社債の発行など	のれんの計上の可能性がある
			㋑ 簿価純資産がマイナス	組織再編行為による株式の特別勘定（負債）の計上
	No	(2)共同株式移転	① 簿価評価完全子会社（取得会社）	適正な帳簿価額で計上
			② 時価評価完全子会社（被取得会社）	時価で計上

(3) 単独株式移転

① 株式の交付のみ

単独株式移転の場合，その完全親会社の株主資本は，単独新設分割の場合と同様に，子会社の適切な帳簿価額によって，株主資本の額とする（計規83）。

② 社債の発行など

単独株式移転の場合，対価として社債の発行などがなされることがあり，このときにはのれんが計上される可能性がある。

■ 第5編 組織再編

❖ 単独株式移転時の株主資本

簿価株式移転完全子会社	（対価）完全親会社の株式	Yes：完全親会社株式での対価簿価	(1) 株主払込資本額	（払込資本）	① 資本金	(1)のうち，契約で定めた額	自由に決定
					② 資本準備金	(1)－①のうち，契約で定めた額	
					③ その他資本剰余金	(1)－(①＋②)	
					④ 利益準備金	零	
					⑤ その他利益剰余金	零*	

No：完全親会社株式以外の（社債などの再編）対価簿価

* ただし，株式移転完全子会社簿価株主資本額がマイナスの場合には，そのマイナス額がマイナスのその他利益剰余金の額となる。

④ 帳簿純資産がマイナス時

単独株式移転において，移転元企業の帳簿純資産がマイナスの場合には，組織再編行為による株式の特別勘定（負債）を計上する。

(4) 共同株式移転

① 完全子会社の種類

共同株式移転によって，持株会社である完全親会社を設立する場合，完全子会社には，次の3つの種類のものがある。

〔株式移転における完全子会社の類型〕
- ㋑ 簿価評価完全子会社
- ㋺ 混合評価完全子会社
- ㋩ 時価評価完全子会社

㋑ 簿価評価完全子会社

これは，株式移転において，**取得者となる**と判定された完全子会社となる会社の株式について，その完全子会社の簿価株主資本額で完全親会社が付すべき帳簿価額とすべき場合の完全子会社のことである（計規2③六十四）。

なお，**株式移転完全子会社の簿価株主資本額**とは，（自己新株予約権を含む）株式移転完全子会社の資産簿価から（新株予約権についての義務を含む）負債簿価を差し引いた額のことである（計規2③六十三）。

　㋺　時価評価完全子会社

これは，株式移転において，**被取得者**となると判定された完全子会社となる会社の株式の取得原価を，その対価時価等で計算すべき場合の完全子会社のことである（計規2③六十六）。

　㋩　混合評価完全子会社

これは，株式移転において，簿価評価完全子会社・時価評価完全子会社以外の完全子会社のことである（計規2③六十五）。

❖　共同株式移転の完全子会社の種類

種　　　類	備　　　考
㋑　簿価評価完全子会社	取得者
㋺　時価評価完全子会社	被取得者
㋩　混合評価完全子会社	（㋑，㋺以外の完全子会社）

②　取得のケース

株式移転が取得に該当する場合，完全親会社の株主資本は，パーチェス法によって，次のように，取得会社（簿価評価完全子会社）側は適切な帳簿価額で，被取得会社（時価評価完全子会社）側は時価で処理をする。

〔完全親会社〕　　　　〔取得会社〕　　　　　　　　　　　　〔被取得会社〕

$$\begin{Bmatrix}株式移転株主\\払込資本額\end{Bmatrix} = \begin{Bmatrix}株式移転完全子会社\\簿価株主資本額\end{Bmatrix} - \begin{Bmatrix}（株式以外の）\\対　価　簿　価\end{Bmatrix} + \begin{Bmatrix}その株主に交付する\\株式での対価時価\end{Bmatrix}$$

(5)　の　れ　ん

株式移転による組織再編において，次のような場合にのれんが計上される。

①　簿価評価完全子会社

この場合には，次の各々のケースにおいてのれんの可否が決定される。

　㋑　対価の全部が（完全親会社）株式のケース

■ 第5編　組織再編

株式移転の対価の全部が完全親会社の株式の場合には，のれんの計上はできない。

　㈡　対価の一部が株式のケース

株式移転の対価の一部が完全親会社の株式の場合には，正（資産）ののれんのみ計上できる。

　㈢　対価の全部が株式以外のケース

株式移転の対価の全部が完全親会社の株式以外の場合には，正（資産）又は負（負債）ののれんを計上する。

❖　簿価評価完全子会社についてののれんの計上

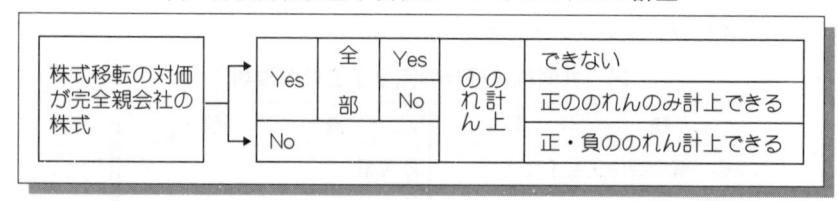

株式移転の対価が完全親会社の株式			のれん計上	
Yes	全部	Yes		できない
		No		正ののれんのみ計上できる
No				正・負ののれん計上できる

　㈢　のれんの計上額

株式移転において簿価評価完全子会社について生じるのれんの計上額は，移転元会社から受け入れる株式移転完全子会社簿価株主資本額と株式移転に対して支払う（株式とそれ以外の双方の）対価簿価との差額である。

② 例　題

―〔設　例〕　共同株式移転：パーチェス法―

　次のような状況にある甲社と乙社は，共同で株式移転を行い，甲乙ホールディング（持株会社）を設立し，甲乙ホールディングは，新株を甲社株主へ100株，乙社株主へ100株（時価@10）発行し，交付した。なお，払込価額の全額を資本金とし，組織再編上，甲社が取得会社と判定された。

甲社貸借対照表　　　　　　　　　　（単位：万円）

諸　資　産	1,000	資　本　金	700
	(1,000)	利益剰余金	300
	1,000		1,000

第12章 株式交換・株式移転

乙社貸借対照表　　　　　　　　（単位：万円）

諸　資　産	500 (700)	資　本　金	300
	500	利益剰余金	200
			500

（注）1　時価事業価値：甲社　2,000，乙社　1,000
　　　2　（　）内は時価評価額を示す。

完全親会社（甲乙ホールディング）の仕訳を示しなさい。

〔解　答〕（単位：万円）

(借) 甲 社 株 式　　1,000 *1　(貸) 資　本　金　　2,000 *3
　　 乙 社 株 式　　1,000 *2

*1　帳簿価額で引き継ぐ。
*2　（対価）時価で引き継ぐ。
*3　問題の指示による。

参 考 文 献

相澤　哲他「会社法制の現代化に伴う実質改正の概要と基本的な考え方」『商事法務』No.1737，2005年7月

――「株式会社の計算等」『商事法務』No.1746，2005年11月

――「会社法関係法務省令案の論点と今後の対応」『商事法務』No.1754，2006年1月

相澤　哲・神門　剛『新会社法徹底活用マニュアル』ぎょうせい，2006年2月

秋坂朝則「会社法改正の現況と今後の動向」日本公認会計士協会東京会研修出版部，2005年2月

――「分配可能額の算定における自己株式の取扱い」『企業会計』Vol.57　No.10，2005年10月

――「総まとめ・会社法の決算実務」日本公認会計士協会　冬季全国研修会資料，2006年12月

秋葉賢一「『貸借対照表の純資産の部の表示に関する会計基準』について」『JICPAジャーナル』No.607，2006年2月

――「役員賞与，貸借対照表の純資産の部の表示」『商事法務』No.1759，2006年2月

――「純資産の部の表示基準について」『企業会計』第58巻第3号，2006年3月

あずさ監査法人編『Q&A　資本会計の実務ガイド』中央経済社，2006年9月

石塚洋之「資本政策と配当」『企業会計』第57巻第8号，2005年8月

岩崎　勇『新会計基準の仕組と処理』税務経理協会，2004年6月

――『企業結合会計』同文舘出版，2004年4月

――『連結財務諸表の読み方・作り方』税務経理協会，2005年9月

――『簿記の考え方と処理方法』税務経理協会，2005年12月

――「会社の計算について」『新会社法施行規則案のすべて』税務経理協会，

2006年1月
── 『中小企業会計指針の読み方と処理方法』税務経理協会，2006年1月
── 『新会社法会計の考え方と処理方法』税務経理協会，2006年7月
梅原秀継「会計理論からみた資本の部の変容」『企業会計』第57巻第9号，2005年9月
江頭憲治郎他「『会社法』制定までの経緯と新会社法の読み方」『商事法務』No. 1739，2005年8月
太田達也「新会社法の計算規定を整理してみよう」『税経セミナー』2005年11月
── 「計算」『新会社法の詳解と実務対応』税務経理協会，2005年12月
── 『新会社法の完全解説』税務研究会，2006年3月
── 『会社法決算のすべて』商事法務，2006年6月
── 『「増資・減資の実務」完全解説』税務研究会出版局，2006年7月
── 「会社法の会計・税務と決算・申告の実務」清風会研修会資料，2007年3月
大橋裕子「企業会計基準公開草案第8号『連結株主資本変動計算書等に関する会計基準（案）』及び企業会計基準適用指針公開草案第11号『連結株主資本等変動計算書等に関する会計基準の適用指針（案）』について」『税経通信』2005年11月
── 「株主資本等変動計算書基準について」『企業会計』第58巻第3号，2006年3月
片木晴彦「資本制度の国際比較」『企業会計』第67巻第9号，2005年9月
神門　剛「配当関係」『税務弘報』2006年4月
川崎聖敬「企業会計基準第5号『貸借対照表の純資産の部の表示に関する会計基準』及び企業会計基準適用指針第8号『貸借対照表の純資産の部の表示に関する会計基準等の適用指針』」『税経通信』2006年3月
河本圭介「事業分離等会計基準について」『企業会計』Vol.58　No.4，2006年4月
神田秀樹「会社法の企業会計への影響」『企業会計』第58巻第1号，2006年1

月

──「計算・組織再編・敵対的買収防衛」『企業会計』第58巻第4号，2006年4月

企業会計基準委員会　企業会計基準第4号「役員賞与に関する会計基準」2005年11月

──企業会計基準第8号「ストック・オプション等に関する会計基準」2005年12月

──企業会計基準適用指針第11号「ストック・オプション等に関する会計基準の適用指針」2005年12月

──企業会計基準第1号（改正版）「自己株式及び準備金の額の減少等に関する会計基準」2005年12月

──企業会計基準適用指針第2号（改正版）「自己株式及び準備金の額の減少等に関する会計基準の適用指針」2005年12月

──企業会計基準適用指針第7号「事業分離等に関する会計基準」2005年12月

──企業会計基準適用指針第10号「企業結合会計基準及び事業分離等会計基準に関する適用指針」2005年12月

──企業会計基準第5号「貸借対照表の純資産の部の表示に関する会計基準」2005年12月

──企業会計基準適用指針第8号「貸借対照表の純資産の部の表示に関する会計基準等の適用指針」2005年12月

──実務対応報告第16号「会社法による新株予約権及び新株予約権付社債の会計処理に関する実務上の取扱い」2005年12月

久保直生・中村倫子編著『会社法による会計処理のポイント』税務研究会出版局，2006年11月

郡谷大輔・和久友子編著『会社法の計算詳解』中央経済社，2006年9月

小林　量「新会社法による資本の変容」『企業会計』第57巻第9号，2005年9月

斎藤静樹「新会計基準と基準研究の課題」『企業会計』第58巻第1号，2006年

1月
斎藤　奏『Q&A　新会社法の会計と税務』税務経理協会，2006年11月
酒井治郎『資本制度の会計問題』中央経済社，2006年10月
栄税理士法人編『資本・法定準備金減少と自己株式取得等の実務』新日本法規，
　　　2006年1月
品川芳宣「役員報酬課税の問題点と方向性」『JICPAジャーナル』Vol.
　　　607，2006年1月
島原宏明「債権者保護機能からみた資本制度」『企業会計』第57巻第9号，2005
　　　年9月
新日本監査法人編著『対照式　会社法施行規則　会社計算規則　電子公告規則
　　　全文』税務経理協会，2006年3月
新日本監査法人編『資本取引の会計・税務』中央経済社，2006年7月
――『会社法　計算書類の作成実務』セルバ出版，2006年8月
――『計算書類・剰余金分配』中央経済社，2006年9月
――『株式・新株予約権・組織再編』中央経済社，2006年10月
――『会社法施行規則　会社計算規則　電子公告規則　全文』税務経理協会，
　　　2007年1月
スリー・シー・コンサルティング『会社法決算書完全作成ガイド』清文社，
　　　2007年2月
税務経理協会編『新会社法の詳解と実務対応』税務経理協会，2005年12月
――『会社法対応【会社の計算】詳解と実務』税務経理協会，2006年8月
税理士界「法務省令を公布」『税理士界』第1217号，2006年2月15日
太陽ＡＳＧ監査法人編著『ストック・オプションのすべて』税務研究会出版局，
　　　2006年12月
太陽ＡＳＧグループ『会計事務所のための新会社法の実務』東京地方税理士協
　　　同組合，2005年12月
武井一浩，八嶋雅子，高木弘明「会社法制現代化改正について」日本公認会計
　　　士協会　新春研修会資料，2005年1月

参考文献

豊田俊一他「企業会計基準第8号『ストック・オプション等に関する会計基準』及び企業会計基準適用指針第11号『ストック・オプション等に関する会計基準の適用指針』について」『税経通信』2006年4月

中島克久，野口真人『ストック・オプション会計と評価の実務』税務研究会出版局，2006年8月

中島茂幸『新会社法における会計と計算書類』税務経理協会，2006年10月

日本税務研究センター編『新会社法と課税問題』財経詳報社，2006年3月

日本公認会計士協会東京会「企業再編の手法と会計・税務」公認会計士業務資料 別冊17号，2002年3月

野口晃弘『新会社法では資本会計はこう変わる』日本公認会計士協会 第70回木曜講座資料，2005年12月

藤田敬司『資本・負債・デリバティブの会計』中央経済社，2006年9月

布施伸章「企業会計基準第4号『役員賞与に関する会計基準』について」『税経通信』2006年2月

――「株主資本等変動計算書」『商事法務』No.1760，2006年3月

――「組織再編会計（企業結合及び事業分離等に関する会計）の解説」日本公認会計士協会 夏季終日セミナー，2006年7月

堀村不器雄監修『Q＆A 資本取引等をめぐる会計と税務』清文社，2007年3月

緑川正博，阿部泰久共編『新会社法と会計・税務の対応』新日本法規，2005年12月

緑川正博・竹内陽一共編『組織再編税制と株主資本の実務』清文社，2007年2月

三宅茂久『資本・株式の会計・税務』中央経済社，2006年10月

村田英幸，緒方義行共著『新会社法は実務を変える！』税務経理協会，2005年7月

弥永真生「会社法関係省令（案）の重要ポイント」『企業会計』第58巻第2号，2006年2月

山田&パートナーズ編著『新株予約権の税・会計・法律の実務Q&A』中央経
　　済社，2006年12月
山田淳一郎監修『企業組織再編の会計と税務』税務経理協会，2006年12月
吉川　満他編著『M&Aと会社法』財経詳報社，2006年2月
米倉偉之「新会社法の急所をおさえる」日本公認会計士協会　秋季終日セミナー
　　資料，2006年3月

索　引

━━━ あ ━━━

ＩＡＳＢ（国際会計基準審議会）……32
ＩＦＲＳ（国際財務報告基準）………32
アメリカ型オプション ……………127
アメリカン・タイプ・
　オプション …………………………127
按分型 ………………………………235

━━━ い ━━━

ＥＢＯ ………………………………206
異時法…………………………………88
一括法………………………………136
入口規制……………………………147

━━━ う ━━━

受取配当……………………………152

━━━ え ━━━

営業譲渡……………………………206
営業譲受……………………………206
影響力基準……………………………18
益出し………………………………207
ＳＯ …………………………………130
ＳＰＣ ………………………………208
ＭＢＯ ………………………………206

━━━ お ━━━

オプション・プレミアム …………121
オプションの類型 …………………127
親会社説………………………………45

━━━ か ━━━

会計慣行………………………………4
会計関連諸法令………………………3
会計目的………………………………4
会社更生……………………………206
会社整理……………………………206
会社分割……………………………233
会社法固有の専決事項 ……………204
額面株式制度…………………………65
額面法………………………………106
合併…………………………………215
合併等対価の柔軟化 ………………217
株券不発行制度………………………54
株式移転 …………………………250, 258
株式交換 …………………………249, 254
株式特別勘定 ………………………258
株式の買増し ………………………207
株式の交付……………………………67
株式の無償割当て……………………84
株式の割当方法 ……………………235
株式発行費等…………………………56
株式プレミアム………………………65
株式分割………………………………84
株式無償割当て………………………80
株主資本………………………………37
株主資本概念…………………………32
株主資本等変動計算書 ………9, 189
株主資本変動額 ……………………220
株主払込資本変動額 ………………220
株主割当増資…………………………66
為替換算調整勘定……………………45
間接取得……………………………209

271

完全子会社の種類 …………………260

━━━ き ━━━

期間配当概念 ………………………145
企業価値の算定方法 ………………253
企業結合 ……………………………203
企業結合会計意見書 ………………204
企業結合会計基準 …………………204
企業再編 ……………………………203
企業統合 ……………………………206
企業売却 ……………………………206
議決権基準 …………………………18
基準資本金額 ………………………177
規模規制 ……………………………51
期末控除額 …………………………157
期末配当 ……………………………145
期末日の剰余金の額 ………………157
キャッシュ・アウト・
　マージャー ………………………217
吸収型再編対価時価 ………………220
吸収合併 ……………………215, 218
吸収分割 ……………………233, 238
吸収分割会社 ………………………241
吸収分割承継会社 …………………239
強制取得 ……………………………87
共通支配下の取引等 ………………208
共同株式移転 ………………258, 260
共同事業の設立 ……………………206
共同支配企業の形成 ………………209
共同出資会社の設立 ………………206
共同新設分割 ………………………206
金庫株 ………………………………103
金銭配当 ……………………………153

━━━ く ━━━

区分法 ………………………………136

クリーン・サープラスの関係 ……35
繰延資産 ……………………………14
繰延ヘッジ損益 ……………44, 116
繰延ヘッジ法 ………………………44

━━━ け ━━━

計算規定の構成内容 ………………5
計算書類の遡及修正 ………………22
計算書類の体系 ……………………8
形式的増資 …………………………66
欠損填補 ……………………63, 88, 184
欠損の額 ……………………………64
原価法 ………………………………106
減資 …………………………………66, 85
建設利息 ……………………………25
現物出資等 …………………………59
現物配当 ……………………24, 153
券面額法 ……………………………59

━━━ こ ━━━

交換比率 ……………………………253
公募増資 ……………………………66
コール・オプション ………………119
子会社化 ……………………………206
子会社等の判定基準 ………………18
子会社等の表示単位 ………………17
国際会計基準審議会（ＩＡＳＢ）……32
国際財務報告基準（ＩＦＲＳ）……32
個別決議法 …………………………20
個別計算書類等 ……………………8
個別注記表 …………………………11
コングロマリット・ディス
　カウント …………………………207
混合評価完全子会社 ………………260
コンバージェンス …………………32

索　引

───さ───

債権者異議手続き……………………63
債権者保護……………………………50
財産の払戻し…………………………87
最終事業年度…………………………156
財政状態………………………………31
最低資本金制度……………………12, 48
先取規定………………………………6
三角合併………………………………217

───し───

時価純資産方式………………………253
時価評価完全子会社…………………260
時間価値………………………………121
事業分離…………………………203, 204
事業分離等会計基準…………………204
自己株式…………………………43, 103
自己株式オプション…………………119
自己株式処分差益……………………110
自己株式処分差額……………………110
自己株式処分差損……………………110
自己株式処分費…………………15, 110
自己株式の権利………………………108
自己株式の処分………………………96
自己株式申込証拠金…………………43
自己新株予約権………………………128
資産説…………………………………103
資産負債中心観………………………32
資産流動化……………………………207
市場株価方式…………………………253
実質的増資……………………………66
支配力基準……………………………18
資本……………………………………38
資本維持の原則………………………50
資本確定の原則………………………49

資本金…………………………………38
資本金規定……………………………65
資本金減少額の上限規制……………13
資本金等増加限度額…………………68
資本金の計上基準……………………12
資本金の減少…………………………85
資本金の減少手続き…………………89
資本金の増減…………………………64
資本減少（控除）説…………………103
資本原則………………………………49
資本充実の原則………………………50
資本準備金………………………13, 41
資本準備金制度………………………65
資本準備金の増減……………………90
資本剰余金……………………………39
資本剰余金控除説……………………104
資本剰余金配当割合…………………180
資本等金額……………………………169
資本と利益の区別の原則……………63
資本の部………………………………11
資本の部の計数の変動…………16, 61
資本不変の原則………………………50
収益費用中心観………………………32
授権資本制度…………………………65
取得……………………………………210
取得した自己株式……………………170
取得条項付株式………………………79
取得請求権付株式……………………79
種類株式………………………………80
純額表示法……………………………194
純資産…………………………………32
純資産額配当規制………………25, 147
純資産控除説…………………………104
純資産300万円不足額………………170
純資産直入項目………………………115
純資産の部……………………………11

273

遵守規定 …………………………… 4
純払込額 …………………………… 54
準備金 …………………………… 13, 40
準備金概念 ………………………… 13
準備金減少額の上限規制…………… 14
準備金積立超過額 ………………… 146
準備金取崩しに伴う払戻し………… 98
準備金に関する資本金の4分の1
　　維持制度 ……………………… 76, 97
準備金の減少手続き ……………… 93
準備金の積立て …………………… 23
少数株主持分 ……………………… 45
情報提供目的 ……………………… 4
剰余金概念 ………………………… 40
剰余金控除説 ……………………… 104
剰余金の額 ………………………… 157
剰余金の資本金組入れ …………… 78
剰余金の準備金への組入れ………… 91
剰余金の処分 ………………… 183, 184
剰余金の配当 ………………… 141, 152
剰余金の配当等 …………………… 141
処分済利益剰余金 ………………… 99
新株式申込証拠金 ………………… 38
新株発行費 ………………………… 15
新株引受権 ………………………… 120
新株引受権付社債 ………………… 134
新株予約権 ………………… 45, 119, 120, 122
新株予約権証券 …………………… 120
新株予約権付社債 ………………… 134
新株予約権の消却 ………………… 127
新株予約権戻入益 ………………… 126
斟酌規定 …………………………… 4
新商法 ……………………………… 3
新設型再編対価簿価 ……………… 244
新設合併 ……………………… 215, 224
新設分割 ……………………… 233, 242

人的分割 …………………………… 234

━━━ す ━━━

ストック・オプション ……… 119, 130

━━━ せ ━━━

清算 ………………………………… 206
セール・アンド・リースバック … 207
切断思考 …………………………… 87
折衷型 ……………………………… 235
設立 ………………………………… 53
設立時の資本金 …………………… 12
設立費用 …………………………… 15
全部取得条項付種類株式…………… 80
全部純資産直入法 ………………… 115

━━━ そ ━━━

総額表示法 ………………………… 194
総額枠法 …………………………… 20
増資 ………………………………… 66
総払込価額 ………………………… 54
組織再編 …………………………… 203
組織再編行為により生じる株式の
　特別勘定 ………………………… 212
組織再編の形態 …………………… 206
その他控除額 ……………………… 168
その他控除額の算式 ……………… 169
その他資本剰余金 ………………… 41
その他資本剰余金の資本準備金
　への組入れ ……………………… 91
その他資本剰余金の増減…………… 95
その他の包括利益 ……………… 35, 43
その他有価証券評価差額金………… 43
その他有価証券評価差損 ………… 173
その他利益剰余金 …………… 42, 99
その他利益剰余金からの配当 …… 148

索　引

その他利益剰余金の増減 ……………99
その他利益剰余金の利益準備金
　への組入れ ……………………97
損益計算書の区分 ………………17
損失の処理 ………………………184

━━━ た ━━━

第三者割当増資 ……………66, 207
貸借対照表 …………………………31
代用払込型新株予約権付社債 ……135
代用払込容認型新株予約権付
　社債 …………………………135
抱合募集 ……………………………68
単元株 ………………………………81
単元株式数 …………………………81
単元未満株式 ………………………81
単独株式移転 …………………258, 259
単独新設分割 ……………………243

━━━ ち ━━━

中間配当 …………………………152
帳簿価額法 ………………………106
直接取得 …………………………209

━━━ つ ━━━

通常清算 …………………………207

━━━ て ━━━

ＤＣＦ方式 ………………………253
適正 …………………………………26
適正意見 ……………………………26
適法 …………………………………26
適用指針 …………………………204
出口規制 …………………………147
ＤＥＳ ………………………………59
転換社債 …………………………134

転換社債型新株予約権付社債 ……135

━━━ と ━━━

統一的な財源規制 ………………146
当期純損益 ………………………101
当期純損失 ………………………101
当期純利益 ………………………101
投資の継続 …………………212, 213
投資の清算 ………………………213
同時法 ………………………………88
特定事業業績連動株 ……………207
特定募集 …………………………170
特定目的積立金 …………………100
特別清算 …………………………206
特別目的会社 ……………………207
土地再評価差額金 …………44, 117
土地再評価差損 …………………173
土地再評価法 ………………………44
トラッキング・ストック ………207

━━━ に ━━━

２回以上の臨時決算 ……………175
２項モデル ………………………127
任意整理 …………………………206
任意積立金 ………………………100

━━━ ぬ ━━━

抜け殻方式 ………………………206

━━━ の ━━━

のれん等調整額 ……………169, 172
のれんわけ ………………………207

━━━ は ━━━

パーチェス法 ………………210, 218
配当規制 ……………………49, 141

275

配当財源 ……………………………153
配当等の統一的財源規制………………24
配当に伴う準備金の計上 ……………177
配当の原資 ……………………………142
端株 ……………………………………81
破産 ……………………………………206
発行価額主義 ………………………13, 54
払込み …………………………………39
払込価額主義 ………………………13, 54
払込規制 ………………………………49
払込資本 ………………………………251
払戻規制 ………………………………141

━━━ ひ ━━━

非按分型 ………………………………235
B／S …………………………………31
引当金 …………………………………16
引当金計上法 …………………………20
非転換社債型新株予約権付社債 ……135
100％減資 ……………………………87
100％減資制度 ………………………85
100％準備金減少制度…………………76, 97
評価・換算差額等………………………43, 115
評価額法 ………………………………59
表示規制 ………………………………49
日割配当 ………………………………145

━━━ ふ ━━━

普通社債 ………………………………134
物的分割 ………………………………234
不特定目的積立金 ……………………100
部分純資産直入法 ……………………115
ブラック・ショールズ・モデル ……127
分割型吸収分割 ………………………235
分割型新設分割 ………………………235
分割型分割 ……………………………177, 234

分社型吸収分割 ………………………235
分社型新設分割 ………………………234
分配可能額 ……………………………141
分配可能額の計算 ……………………164
分配可能額の算式 ……………………165

━━━ ほ ━━━

包括利益 ………………………………22
法定準備金 ……………………………13
簿価株主資本額 ………………………244
簿価評価完全子会社 …………………260
募集株式 ………………………………67
補充規定 ………………………………4
本源的価値 ……………………………121

━━━ ま ━━━

末日後の剰余金の変動額 ……………159

━━━ み ━━━

未処分利益剰余金 ……………………99
未払金計上法 …………………………20
民事再生 ………………………………206

━━━ む ━━━

無額面株式制度 ………………………65

━━━ も ━━━

持株会社 ………………………………249
持株基準 ………………………………18
持分の結合 ……………………………209
持分プーリング法 ……………………209, 223
持分プーリング法に準じた
　処理方法 ……………………………209
持分法適用会社保有の親会社
　株式 …………………………………113

や

役員賞与……………………………19

ゆ

有限責任制…………………………51
有償減資……………………………87
有償での減資………………………87

よ

ヨーロッパ型オプション…………127
ヨーロピアン・タイプ・
　オプション………………………127

り

利益観………………………………32
利益準備金……………………13, 42
利益準備金の計上額………………181
利益準備金の増減…………………96
利益剰余金…………………………42
利益剰余金控除説…………………104
利益剰余金配当割合………………181
利益処分案…………………………9
利益処分方式………………………10
利益配当議案………………………9
利害裁定目的………………………4
リサイクル…………………………35
留意規定……………………………4
臨時決算……………………………170
臨時決算制度…………………23, 145

る

類似会社比準方式…………………253

れ

連繋…………………………………37
連結計算書類………………………18
連結配当規制………………………174
連続思考……………………………87
連単剰余金差額……………………174
連単剰余金差損額…………………169

著者紹介

岩崎　勇（いわさき　いさむ）

〔略　歴〕
昭和60年　明治大学大学院経営学研究科博士課程単位取得
　　現在　九州大学大学院教授

〔主要著書〕
「入門簿記」、「入門簿記Ⅱ」、「勘定科目と仕訳の基礎」、「金融商品会計入門」、「連結納税の本」、「国際財務会計論」（共著）、「経営分析のやり方・考え方」、「新会計基準の仕組と処理」、「連結財務諸表の読み方・作り方」、「簿記の考え方と処理方法[入門編]」、「中小企業会計指針の読み方と処理方法」、「新会社法会計の考え方と処理方法」（以上、税務経理協会）、「基本財務諸表論」、「簿記会計学習ハンドブック」（共著）（以上、中央経済社）、「国際会計基準」、「法人税法の解説」、「教科書・原価計算」、「教科書・工業簿記」、「すぐわかる会計ビッグ・バン」、「すぐわかる税効果会計」、「すぐわかる新会計基準」、「連結納税制度と組織再編」、「経営」（共著）（以上、一橋出版）、「企業結合会計」（同文舘出版）、「国際会計基準精説」（共著）（白桃書房）など多数。

〔講演　等〕
　会計・税法・監査・経営などのテーマについて、企業・協会・大学などで多くの研修会・講演会の講師を務める。

著者との契約により検印省略

平成19年8月1日　初　版　発　行

純資産会計の考え方と処理方法

著　者	岩　崎　　　勇
発行者	大　坪　嘉　春
印刷所	税経印刷株式会社
製本所	株式会社　三森製本所

発行所　東京都新宿区下落合2丁目5番13号　株式会社　税務経理協会
郵便番号 161-0033　振替 00190-2-187508　電話(03)3953-3301(編集代表)
　　　　　　　　　FAX(03)3565-3391　　　(03)3953-3725(営業代表)
URL http://www.zeikei.co.jp/
乱丁・落丁の場合はお取替えいたします。

© 岩崎 勇 2007　　　　　　　　　　　Printed in Japan

本書の内容の一部又は全部を無断で複写複製（コピー）することは、法律で認められた場合を除き、著者及び出版社の権利侵害となりますので、コピーの必要がある場合は、あらかじめ当社あて許諾を求めて下さい。

ISBN978-4-419-04984-3　C1063